O BANQUETE

Tradução: Maria Stephania da Costa Flores

O Banquete

Platão

Principis

Esta é uma publicação Principis, selo exclusivo da Ciranda Cultural

Traduzido do original em grego
Συμπόσιον

Texto
Platão

Tradução
Maria Stephania da Costa Flores

Revisão
Agnaldo Alves

Produção editorial e projeto gráfico
Ciranda Cultural

Diagramação
Fernando Laino Editora

Imagens
Irina-PITTORE/Shutterstock.com;
tan_tan/Shutterstock.com;
markara/Shutterstock.com;
Dimec/Shutterstock.com

Dados Internacionais de Catalogação na Publicação (CIP) de acordo com ISBD

P716b Platão

O Banquete / Platão ; traduzido por Maria Stephania da Costa Flores. - Jandira, SP : Principis, 2020.
80 p. ; 15,5cm x 22,6cm. - (Literatura Clássica Mundial)

Tradução de: Συμπόσιον
Inclui índice.
ISBN: 978-65-5552-188-7

1. Literatura grega. 2. Platão. I. Flores, Maria Stephania da Costa. II. Título. III. Série.

2020-2551

CDD 883
CDU 821.14'02-3

Elaborado por Vagner Rodolfo da Silva - CRB-8/9410

Índice para catálogo sistemático:
1. Literatura grega 883
2. Literatura grega 821.14'02-3

1ª edição em 2020
www.cirandacultural.com.br

APOLODORO E UM COMPANHEIRO

Apolodoro – Creio que não estou sem preparo a respeito do que quereis saber. Subia eu há pouco à cidade, vindo de minha casa em Falero, quando um conhecido que vinha atrás de mim avistou-me e de longe me chamou, exclamando em tom de brincadeira: "Falerino! Eh, tu, Apolodoro! Não me esperas?" Parei e esperei. E ele me disse: "Apolodoro, te procurei há pouco, desejando me informar sobre o encontro de Agatão, Sócrates, Alcibíades e dos demais que assistiram ao banquete, e saber como foram seus discursos sobre o amor. Uma pessoa contou-nos que os tinha ouvido de Fênix, o filho de Filipe, e disse que também tu sabias. Ele porém nada tinha de claro a dizer. Conta-me então, pois és o mais indicado a relatar as palavras do teu companheiro. E antes de tudo, dize-me se tu mesmo estiveste presente àquele encontro ou não". Respondi-lhe: "É muitíssimo provável que nada de claro teu narrador tenha te contado, se presumes que esse encontro de que me falas se realizou há pouco, de modo a também eu estar presente". "Presumo, sim", disse ele. "Como, ó Glauco?", tornei-lhe. "Não sabes que há muitos anos Agatão não está na terra, e que ainda não se passaram três anos desde que frequento Sócrates e tenho o cuidado de cada dia saber o que ele diz ou faz? Antes, andando ao acaso e pensando que fazia alguma coisa, eu era mais miserável que todos os outros, e não menos que tu agora, se crês que tudo se deve fazer de preferência à filosofia." "Não zombes", tornou ele, "mas antes dize-me quando se deu esse encontro." "Quando éramos crianças", respondi-lhe, "e quando, com sua primeira tragédia, Agatão venceu o concurso um dia depois de ter sacrificado pela vitória, ele e os coristas." "Faz muito tempo então, ao que parece", disse ele. "Mas quem te contou? O próprio Sócrates?" "Não, por Zeus", respondi-lhe, "mas aquele que contou a Fênix. Foi um certo Aristodemo, de Cidateneão, pequeno, sempre descalço; ele assistiu ao banquete, pois era amante de Sócrates, a meu ver dos mais fervorosos. Não deixei todavia de interrogar o próprio Sócrates sobre a narrativa que ouvi, e este me confirmou o que o outro me contara." "Por que então não me contaste?", tornou ele. "Perfeitamente apropriado é o caminho da cidade para que falem e ouçam os que nele transitam." E assim é que, enquanto caminhávamos, fazíamos nossa conversa girar sobre esse assunto, de modo que, como eu vos disse no início, não me encontro sem preparo. Se portanto é necessário que também a vós vos conte, devo fazê-lo. Quando falo eu mesmo algumas palavras sobre filosofia, ou as ouço de outrem, além do proveito que acredito tirar, alegro-me ao extremo; quando, entretanto, são outros os assuntos, sobretudo os vossos, de homens ricos e negociantes, a mim mesmo me irrito e de vós me apiedo, os meus companheiros, que imaginais fazer algo quando nada fazeis. Talvez também vós me considereis infeliz, e creio que é verdade o que presumis; eu, todavia, quanto a vós, não presumo, mas bem sei.

Companheiro – És sempre o mesmo, Apolodoro! Sempre te maldizendo, assim como aos outros; e me parece que assim, sem mais, consideras a todos os outros infelizes, a começar por ti mesmo, exceto Sócrates. De onde pegaste o apelido de mole, não sei; pois és sempre assim em tuas conversas: contigo e com os outros esbravejas, exceto com Sócrates.

Apolodoro – Caríssimo, e é tão evidente que, pensando desse modo tanto de mim como de ti, deliro e estou desatinando?

Companheiro – Não vale a pena brigar por isso agora, Apolodoro; ao contrário, não deixes de fazer o que te pedi. Conta como foram os discursos.

Apolodoro – Os discursos, em verdade, foram mais ou menos assim... Bem, é do começo, conforme me contou Aristodemo, que também eu tentarei contar-vos. Disse ele que encontrou Sócrates, banhado e calçado com as sandálias, o que poucas vezes fazia; perguntou-lhe então onde ia assim tão bonito.

– Ao jantar em casa de Agatão – respondeu-lhe Sócrates. – Ontem, nas cerimônias da vitória, eu o evitei, por medo da multidão; mas concordei em comparecer hoje. Eis por que me embelezei; a fim de ir belo à casa de um belo. E tu, por que não te dispões a ir sem convite ao jantar?

– Como quiseres – aquiesceu o outro.

– Segue-me, então – continuou Sócrates –, e estraguemos o provérbio, alterando-o assim: "A festins de bravos, bravos vão livremente". Ora, Homero parece não só estragar mas até mesmo desrespeitar este provérbio; pois tendo tornado Agamenão um homem excepcionalmente bravo na guerra, e de Menelau um "mole lanceiro", no momento em que Agamenão fazia um sacrifício e banqueteava, ele imaginou Menelau chegando sem convite, um fraco indo ao festim de um bravo.

– Ó Sócrates, todavia é provável que, não como tu dizes, mas como Homero disse, eu esteja para ir ao festim de um sábio como um vulgar, sem convite. Se me levas, decides então o que deves dizer por mim, pois não concordarei em chegar sem convite, mas sim convidado por ti.

– Pondo-nos os dois a caminho – respondeu Sócrates –, decidiremos o que dizer. Avante!

Depois de se envolverem nessas conversas, contou Aristodemo, os dois partiram. Sócrates, que ocupava consigo mesmo o seu espírito, caminhava atrás de Aristodemo e lhe pedia que avançasse sempre que o amigo se detinha para aguardá-lo. Assim que chegaram à casa de Agatão, encontraram aberta a porta. Então ocorreu, disse Aristodemo, um incidente cômico. Um dos servos saiu de lá de dentro e foi a seu encontro, levando-o em seguida para onde os outros se encontravam. Ele os viu reclinados no momento de se servirem. Assim que o avistou, Agatão exclamou:

– Aristodemo! Em boa hora chegastes para jantar conosco! Se vieste por algum outro motivo, deixa-o para depois, pois ontem eu te procurei para te convidar e não consegui te encontrar. Mas... e Sócrates, não veio contigo?

– Durante a última parte do percurso até aqui, olhei várias vezes para trás, tentando achá-lo, mas não o vi em parte alguma – explicou Aristodemo, acrescentando que Sócrates o convidara para o jantar.

– Fizeste muito bem – disse Agatão. – Mas onde está esse homem?

– Há pouco ele vinha atrás de mim; eu mesmo pergunto, espantado, onde estaria ele.

– Não vais procurar Sócrates e trazê-lo aqui, menino? – exclamou Agatão. – E tu, Aristodemo, reclina-te ao lado de Erixímaco.

Enquanto o servo lhe faz ablução para que se ponha à mesa, outro vem anunciar:

– Esse Sócrates retirou-se[1] em frente dos vizinhos e parou. Já o chamei várias vezes, mas ele não quer entrar.

– É estranho o que dizes – exclamou Agatão. – Vai chamá-lo! E não o largues!

Disse então Aristodemo:

– Deixai-o. É um hábito dele: às vezes retira-se onde quer que se encontre, e fica parado. Creio que virá logo, porém. Não o incomodeis portanto, mas deixai-o.

– Pois bem, que assim se faça, se é teu parecer – tornou Agatão. – E vocês, meninos, atendam os convidados. Vocês servem o que lhes agrada quando ninguém os vigia, coisa que nunca fiz; agora, como se eu também fosse, como os demais, um convidado para o jantar, sirvam-nos, e assim nós vos louvaremos.

1 O verbo "retirar-se", aqui, corresponde ao hábito de Sócrates, contado por seus contemporâneos, de parar de repente e, absorto nos próprios pensamentos, a nada e a ninguém dar atenção. Parecia "retirar-se" da realidade e entrar num mundo só dele.

– Depois disso – continuou Aristodemo – começaram a jantar, sem Sócrates. Agatão muitas vezes manda chamá-lo, mas o amigo não o deixa. Enfim ele chega, sem ter demorado muito, como era seu costume, mas quando estavam no meio da refeição. Agatão, reclinado sozinho no último leito, exclama:

– Aqui, Sócrates! Reclina-te a meu lado, para que eu desfrute, ao teu contato, da sábia ideia que te ocorreu em frente de casa. Pois é evidente que a encontraste, e que a tens, pois não terias desistido antes de consegui-la.

Sócrates sentou-se e disse:

– Seria bom, Agatão, se a sabedoria fosse de tal natureza: que do mais cheio ela escorresse ao mais vazio quando um ao outro nos tocássemos, como a água dos copos escorre pelo fio de lã, indo do mais cheio ao mais vazio. Se assim é também a sabedoria, aprecio demais reclinar-me a teu lado, pois acredito que de ti serei cumulado com uma sabedoria vasta e bela. A minha seria um tanto ordinária, ou mesmo duvidosa como um sonho, enquanto a tua é brilhante e muito desenvolvida, e que de tua mocidade tão intensamente brilhou, tornando-se manifesta, anteontem, a mais de trinta mil gregos que a testemunharam.

– És um insolente, ó Sócrates – respondeu Agatão. – Quanto a nossa sabedoria, logo mais eu e tu decidiremos, tomando Dioniso por juiz. Por ora, apronta-te para o jantar.

– Depois disso – continuou Aristodemo –, Sócrates reclinou-se e jantou como os outros; em seguida fizeram libações, cantaram hinos ao deus e realizaram os ritos costumeiros antes de servir-se da bebida. Pausânias começou a falar, mais ou menos assim:

– Qual o jeito mais cômodo de beber, senhores? Declaro que estou muito indisposto por causa da bebedeira de ontem. Preciso tomar fôlego, assim como a maioria dos senhores, pois também estáveis lá; vede então de que modo poderíamos beber o mais comodamente possível.

Aristófanes respondeu:

– É bom o que dizes, Pausânias, que arranjemos um modo de facilitar a bebida, pois também eu sou dos que se afogaram nela ontem.

Erixímaco, filho de Acúmeno, ouviu-os e atalhou:

– Tendes razão! Mas ainda preciso ouvir de um de vós como se sente para resistir à bebida; não é, Agatão?

– Absolutamente – disse este. – Também eu não me sinto capaz.

– Ao que parece, bela ocasião seria para nós, para mim, para Aristodemo, Fedro e os outros – continuou Erixímaco –, se, dentre vós, os mais capazes de beber desistis agora; nós somos sempre incapazes; quanto a Sócrates, não me referirei a ele, pois é capaz de ambas as coisas e se contentará com o que fizermos. Como nenhum dos presentes parece disposto a beber muito vinho, talvez, se a respeito da embriaguez eu dissesse o que ela é, seria menos desagradável. Pois uma evidência que me veio da prática da medicina é que esse é um mal terrível para os homens, a embriaguez; e nem eu desejaria beber muito, nem a outro aconselharia que o fizesse, sobretudo aos que estão com ressaca da véspera.

– Na verdade – começou Fedro de Mirrinote – costumo dar-te atenção, em especial naquilo que comentas sobre a medicina; e agora, se bem decidirem, também o farão. O mais adequado é que concordemos todos em não passar a reunião embriagados, mas bebendo cada um a seu bel-prazer.

– Se é isso que se decide – continuou Erixímaco –, beber cada um quanto quiser, sem que se sinta forçado, sugiro mandar embora a flautista que acabou de chegar. Que ela vá flautear para si mesma, se quiser, ou para as mulheres lá dentro; quanto a nós, devemos nos ocupar com discursos em nossa reunião de hoje; e, se vos apraz, desejo propor-vos o tema dos discursos.

Todos declaram que lhes apraz e o convidam a fazer a proposição. Disse então Erixímaco:

– O exórdio de meu discurso é como a Melanipa de Eurípides. Pois não é minha, mas de Fedro a história que vou contar. Fedro costuma me dizer, irritado: "Não é estranho, Erixímaco, que para outros deuses haja hinos e peãs, compostos pelos poetas, ao passo que ao Amor, um deus tão venerável e tão grande, nunca um dos poetas que tanto se engrandeceram fez nem mesmo um encômio? Se desejares, atente também para os bons sofistas: a Hércules e a outros eles compõem louvores em prosa, como o excelente Pródico; e isso é menos de admirar, pois já encontrei o livro de um sábio em que o sal, por sua utilidade, recebe um elogio admirável; outras coisas desse tipo, em grande número, poderiam ser exaltadas. Dessa maneira, embora nessas ninharias despendam tanto esforço, os homens, até hoje, não tiveram a coragem de celebrar condignamente o Amor, a tal ponto é negligenciado um tão grande deus!" Ora, parece que Fedro diz tais palavras com razão. Assim, desejo apresentar-lhe a minha cota e satisfazê-lo, ao mesmo tempo em que, parece-me, nos convém venerar o deus. Caso também vos pareça assim, poderíamos entreter nosso tempo em discursos;

proponho que cada um de nós, da esquerda para a direita, faça um louvor, o mais belo possível, ao Amor. Fedro deve começar primeiro, uma vez que está na ponta e é o pai da ideia.

– Ninguém contra ti votará, ó Erixímaco – interveio Sócrates. – Pois nem decerto me recusaria eu, que afirmo em nada mais ser entendido senão nas questões de amor, nem sem dúvida Agatão e Pausânias, nem tampouco Aristófanes, cuja ocupação se dá em torno de Dioniso e de Afrodite, e nenhum dos presentes que vejo aqui. Contudo, não é essa a situação dos que ficamos nos últimos lugares; contudo, se os que discursarão antes falarem de modo suficiente e belo, bastará. Vamos pois, que em boa sorte comece Fedro e faça o seu elogio do Amor.

Todos aprovaram essas palavras, aderindo às exortações de Sócrates.

Sem dúvida, de tudo que cada um deles disse, nem Aristodemo se lembrava bem, nem por minha vez eu me lembro de tudo o que ele me contou; mas, daqueles que a mim pareceu valer a pena lembrar, de cada um deles vos direi o discurso.

Primeiro, tal como agora relato, disse Aristodemo que Fedro começou a falar "que era um grande deus o Amor, admirado entre homens e deuses por muitos outros títulos e acima de tudo por sua origem. Pois entre os deuses é o mais antigo e honroso, e prova-o o fato de que do Amor genitores não há, e Hesíodo afirma que primeiro nasceu o Caos...

... e só depois
Terra de amplos seios, de tudo assento sempre certo,
e Amor...

"Diz ele então que, depois do Caos, foram estes dois que nasceram, Terra e Amor. E Parmênides afirma:

bem antes de todos os deuses pensou em Amor.

"Com Hesíodo também concorda Acusilau. Assim, de muitos lados se reconhece que Amor é o mais antigo entre os deuses. E sendo o mais antigo, é para nós a fonte dos maiores bens. Desconheço que haja maior bem, para aqueles que entram na mocidade, do que um bom amante, e para um amante, do que o bem-amado. Aquilo que deve dirigir a vida dos homens, dos que estão prontos a vivê-la de maneira nobre, eis o que nem a estirpe pode incutir tão bem, nem as honras, nem a riqueza, nem nada mais, como o amor. A que então me refiro? À vergonha do que é feio e ao apreço do que é belo. Sem isso, nem cidade nem indivíduo têm a possibilidade de produzir obras grandiosas e belas. Afirmo então que todo homem que ama, se fosse descoberto a fazer um ato vergonhoso, ou a sofrê-lo de outrem sem se defender por covardia, não se envergonharia tanto se fosse visto pelo pai, pelos amigos e por alguma outra pessoa, como se visto pelo bem-amado. E isso é o que também no amado notamos, que é sobretudo diante dos amantes que ele se envergonha, quando surpreendido em algum ato vergonhoso. Assim, se por algum meio se fizesse uma cidade ou uma expedição de amantes e de amados, não haveria melhor maneira de a constituírem senão afastando-se de tudo que é feio e competindo entre si no apreço à honra; e, se soldados fossem, venceriam ao lutar um ao lado do outro, mesmo sendo poucos. Pois um homem, quando ama, aceitaria menos a ideia de ter sido visto pelo amado do que por todos os outros, caso deixasse seu posto ou abandonasse suas armas, e a isso preferiria muitas vezes morrer. E quanto a abandonar o amado ou não o socorrer ao vê-lo em perigo, não há homem tão cruel que o Amor não inspire para a virtude, a ponto de se tornar ele semelhante ao mais generoso de natureza; e sem mais rodeios, o que disse Homero 'do ardor que a alguns heróis inspira o deus', eis o que o Amor dá aos amantes, como um dom emanado de si mesmo.

"E quanto a morrer por outro, só concordam os que amam, não apenas os homens, mas também as mulheres. E a esse respeito a filha de Pélias, Alceste, dá aos gregos uma prova cabal dessa afirmativa, pois foi a única a consentir em morrer pelo marido, embora este tivesse pai e mãe, aos quais ela tanto excedeu no amor que os fez parecer estranhos ao filho, e parentes apenas de nome. Depois de praticado esse ato, tão belo pareceu ele não só aos homens como também aos deuses que, embora muitos tenham feito ações belas, foi a um reduzidíssimo número que os deuses concederam a honra de fazer subir do Hades sua alma. A de Alceste eles fizeram subir, admirados do seu gesto; é assim que até os deuses honram ao máximo o zelo e a virtude no amor.

"A Orfeu, filho de Eagro, os deuses o fizeram voltar sem cumprir seu objetivo, pois foi um espectro o que eles lhe mostraram da mulher que fora buscar, e não lha deram, por lhes parecer que ele se acovardava, citaredo que era, e não ousava por seu amor morrer como Alceste, mas maquinava um meio de penetrar vivo no Hades. Foi por isso que lhe fizeram justiça, determinando que sua morte ocorresse pelas mulheres.

Não o honraram como a Aquiles, filho de Tétis, nem o enviaram às ilhas dos bem-aventurados; que aquele, informado pela mãe de que morreria se matasse Heitor, ao passo que se não o matasse voltaria à pátria, onde morreria velho, teve a coragem de preferir, ao socorrer seu amante Pátroclo e vingá-lo, não apenas morrer por ele mas sucumbir à sua morte; assim é que, admirados a mais não poder, os deuses o honraram, por ter ele o amante em altíssima conta. Ésquilo fala à toa quando afirma que Aquiles era amante de Pátroclo, ele que era mais belo não somente do que este como de todos os heróis, e ainda imberbe, e muito mais novo, como diz Homero. O que mais admiram e honram os deuses é a virtude que se forma em torno do amor, porém mais ainda a admiram e apreciam e recompensam quando é o amado que gosta do amante do que quando é o amante que gosta do amado. Eis por que a Aquiles honraram mais do que a Alceste, enviando-o às ilhas dos bem-aventurados.

"Assim, pois, afirmo que o Amor é o mais antigo dos deuses, o mais honrado e o mais poderoso para a aquisição da virtude e da felicidade entre os homens, tanto em vida como após a morte."

De Fedro foi mais ou menos esse o discurso, de acordo com Aristodemo. Depois de Fedro houve alguns outros, de que ele não se lembrava bem. Então os deixou de lado e passou a falar sobre o relato de Pausânias.

"Não me parece bela, ó Fedro, a maneira como nos foi proposto o discurso, essa simples prescrição de um elogio ao Amor. Se apenas um fosse o Amor, muito bem estaria; entretanto, na verdade ele não é um só; assim, é mais acertado dizer primeiro qual Amor se vai elogiar. Tentarei eu, desse modo, corrigir esta questão, e primeiro dizer a qual Amor que se deve louvar, antes de fazer um elogio digno do deus. Todos sabemos que sem Amor não há Afrodite. Assim, se uma só fosse esta, um só seria o Amor; como porém são duas, é necessário que dois sejam também os Amores. E como não são duas as deusas? Uma, a mais velha, não tem mãe e é filha de Urano, a que chamamos de Urânia, a Celestial; a mais nova, filha de Zeus e de Dione, chamamo-la de Pandêmia, a Popular. É forçoso então que também o Amor, coadjuvante de uma delas, se chame corretamente Pandêmio, o Popular, e o outro Urânio, o Celestial. Por conseguinte, é preciso louvar todos os deuses, mas deve-se distinguir o dom que a um e a outro coube. Toda ação, como sabemos, se apresenta assim: em si mesma, quando praticada, nem é bela nem é feia. O que estamos fazendo agora, por exemplo – beber, cantar, conversar –, nada disso, em si, é belo; é na ação, na maneira como é feita, que resulta belo; o que é belo e feito corretamente fica belo, o que não o é fica feio. Assim, o amar e o Amor não são de todo belos e dignos de elogios, mas apenas o que leva a amar belamente.

"Ora, o Amor de Afrodite Pandêmia é realmente popular e faz o que lhe apetece; é a ele que os homens vulgares amam. E amam tais pessoas, não menos as mulheres que os jovens, e depois o que neles amam é mais o corpo que a alma, e ainda os mais desprovidos de inteligência, tendo como objetivo apenas efetuar o ato, sem se preocupar se é decente ou não. Daí resulta que eles fazem o que lhes apetece, tanto o que é bom como o seu contrário. Trata-se, assim, do amor proveniente da deusa mais jovem e que em sua geração participa da fêmea e do macho.

"Outro é o Amor de Urânia, que não participa da fêmea mas só do macho – e é este o Amor aos jovens –, e é a mais velha, isenta de violência. Por isso se voltam ao que é másculo os inspirados deste Amor, afeiçoando-se ao que tem natureza mais forte e mais inteligência. E no amor aos jovens podemos reconhecer os que são movidos somente por esse tipo de amor; não amam os meninos, mas os que já começam a ter juízo, o que acontece quando lhes vêm chegando a barba. Os que começam desse ponto estão dispostos, penso, a amar para acompanhar a vida toda, para viver em comum e não para enganar, isto é, seduzir o jovem em sua inocência, ludibriá-lo e depois sair à procura de outro. Seria necessária uma lei proibindo que se amassem os meninos, a fim de que não se perdesse na incerteza tamanho esforço; porque é incerto o destino dos meninos, a que ponto do vício ou da virtude eles chegam em seu corpo e em sua alma.

"Ora, se os bons amantes impõem-se de modo voluntário essa lei, devia-se obrigar lei semelhante aos amantes populares, assim como obrigamos as mulheres de condição livre, na medida do possível, a não manter relações amorosas. São estes os que criaram o descrédito, a ponto de alguns ousarem dizer que é vergonhoso o aquiescer aos amantes. E assim falam porque são estes os que eles consideram, vendo o seu despropósito e desregramento, pois um ato, seja qual for, quando feito com moderação e norma, não incorreria, sem dúvida, em justa censura.

"A lei do amor em outras cidades é fácil de entender, pois sua determinação é simples; entretanto, aqui ela é complexa. Em Élida, na Lacedemônia, na Beócia, e onde não se saiba falar, simplesmente se estabeleceu que é belo aquiescer aos amantes, e ninguém, jovem ou velho, diria que é feio, a fim de não ter dificuldades, creio, em suas tentativas de persuadir os jovens com a palavra, incapazes que são de falar; contudo, na Jônia e em muitas outras partes é considerado feio, por quantos habitam sob a influência dos bárbaros. Entre os bárbaros, por causa das tiranias, é uma coisa feia esse amor, justamente como o da sabedoria e da ginástica; é que, imagino, aos governantes não interessa que grandes ideias nasçam entre os governados, nem amizades e associações inabaláveis, o que justamente, mais do que qualquer outra coisa, o amor costuma inspirar. Por experiência aprenderam isso os tiranos desta cidade; pois foi o amor de Aristogitão e a amizade de Harmódio que, afirmando-se, lhes destruíram o poder. Dessa maneira, onde se estabeleceu que é feio o aquiescer aos amantes, é por defeito dos que o estabeleceram que assim permanece, pela ambição dos governantes e a covardia dos governados. Onde simplesmente se determinou que é belo, foi em consequência da inércia dos que assim estabeleceram. Aqui, no entanto, muito mais bela que estas é a norma que se instituiu e, como eu disse, não é fácil de entender. A quem tenha considerado que é mais belo amar às claras que às ocultas, e sobretudo os mais nobres e os melhores, embora mais feios que outros; que por outro lado o encorajamento dado por todos aos amantes é extraordinário e não como se estivessem a fazer algum ato feio. Se ele fez uma conquista, parece belo o seu ato; se não, parece feio. E ainda que em sua tentativa de conquista deu a lei ao amante a possibilidade de ser louvado na prática de atos extravagantes, os quais, se alguém ousasse cometer em vista de outro objetivo, e procurando fazer qualquer outra coisa fora isso, colheria as maiores censuras da filosofia – pois, se querendo de uma pessoa ou obter dinheiro ou assumir um comando ou conseguir qualquer outro poder, consentisse alguém em fazer justamente o que fazem os amantes para com os amados, usando em seus pedidos súplicas e prosternações, e em suas juras protestando deitar-se às portas, e dispondo-se a subserviências a que se não sujeitaria nenhum servo, seria impedido de agir desse modo, tanto pelos amigos como pelos inimigos, uns incriminando-o de adulação e indignidade, outros admoestando-o e envergonhando-se de tais atos – ao amante que faça tudo isso, ao contrário, acresce-lhe a graça, e lhe é dado, pela lei, que ele o faça sem descrédito, como se estivesse praticando uma ação belíssima. E o mais estranho é que, como diz o povo, quando ele jura, só ele tem o perdão dos deuses se perjurar, pois juramento de amor, dizem, não é juramento, e assim tanto os deuses como os homens deram toda liberdade ao amante, como diz a lei daqui. Por esse lado, poderíamos pensar que se considera inteiramente belo nesta cidade não só o fato de ser amante, como também o serem os amados amigos dos amantes. Quando porém, ao impor-lhes um pedagogo, os pais não permitem aos amados que conversem com os amantes, e ao pedagogo é prescrita essa ordem, e ainda os camaradas e amigos injuriam se veem que tal coisa ocorre, sem que a esses injuriadores detenham os mais velhos ou os censurem por falar sem acerto, depois de atentar a tudo isso, poderia alguém julgar que se considera muito feio aqui esse modo de agir. O que há porém é, a meu ver, o seguinte: não é isso uma coisa simples, o que justamente se disse desde o começo, que não é em si e por si nem belo nem feio, mas se decentemente praticado é belo, se indecentemente, feio. Ora, é indecente quando é a um mau e de modo mau que se aquiesce, e decente quando é a um bom e de um modo bom. E é mau o amante popular, que ama o corpo mais que a alma; pois não é ele constante, por amar um objeto que tampouco é constante. Com efeito, ao mesmo tempo que cessa o viço do corpo, que era o que ele amava, 'alça ele o seu voo', sem respeito às muitas palavras e promessas feitas. Ao contrário, o amante do caráter, que é bom, é constante por toda a vida, porque se fundiu com o que é constante. Ora, são esses dois tipos de amantes que pretende a nossa lei provar bem e devidamente, e que a uns se aquiesça e dos outros se fuja. Por isso é que uns ela exorta a perseguir e a outros evitar, arbitrando e aferindo qual é o tipo do amante e qual o do amado.

"Assim é que, por esse motivo, primeiro é tido como feio o se deixar conquistar, a fim de que possa haver tempo, que na maioria das vezes bem parece uma excelente prova; e o deixar-se conquistar pelo dinheiro e pelo prestígio político é tido como feio, quer a um mau trato nos assustemos sem reagir, quer beneficiados em dinheiro ou em sucesso político não os desprezemos; nenhuma dessas vantagens parece firme ou constante, afora o fato de que delas nem mesmo se pode derivar uma amizade nobre. Um só caminho resta então à nossa norma, se deve o bem-amado decentemente aquiescer ao amante. É norma entre nós que, assim como para os amantes, quando um deles se presta a qualquer servidão ao amado, não é isso adulação nem um ato censurável; do mesmo modo, também, só outra única servidão voluntária resta, não sujeita à censura: a que se aceita pela virtude. Na verdade, entre nós ficou estabelecido que, se alguém quer servir a um outro por julgar que por ele se tornará melhor, ou em sabedoria ou em outra espécie de virtude, também essa voluntária servidão não é feia nem é uma adulação. É preciso então congraçar num mesmo objetivo essas duas normas, a do amor aos jovens e a do amor ao saber e às demais virtudes, se deve dar-se o caso de ser belo o aquiescer o amado ao amante. Quando ao mesmo porto chegam amante e amado, cada qual com sua norma, um servindo ao amado que lhe aquiesce em tudo que for justo servir, e o outro ajudando ao que o está tornando sábio e bom, em tudo que for justo ajudar, o primeiro em condições de contribuir para a sabedoria e demais virtudes, o segundo em precisão de adquirir para a sua educação e demais competência, só então, quando ao mesmo objetivo convergem essas duas normas, só então é que coincide ser belo o aquiescer o amado ao amante e em mais nenhuma outra ocasião. Nesse caso, mesmo o ser enganado não é nada feio; porém, em todos os outros casos é vergonhoso, quer se seja enganado, quer não. Se alguém, depois de aquiescer a um amante, na suposição de ser este rico e em vista de sua riqueza, fosse a seguir enganado e não obtivesse vantagens pecuniárias, por se ter revelado pobre o amante, nem por isso seria menos vergonhoso; pois tal tipo parece revelar justamente o que tem de seu, que pelo dinheiro ele serviria em qualquer negócio a qualquer um, e isso não é belo. Pelo mesmo motivo, se alguém, tendo aquiescido a um amante considerado bom, e para se tornar ele próprio melhor por meio da amizade do amante, fosse a seguir enganado, revelada a maldade daquele e sua carência de virtude, mesmo assim belo seria o engano; pois também nesse caso parece este ter deixado presente sua própria tendência: pela virtude e por se tornar melhor, a tudo ele se disporia em favor de qualquer um, e isso é o mais belo de tudo; assim, em tudo por tudo é belo aquiescer em vista da virtude.

"É este o amor da deusa celeste, ele também celeste e de muito valor para a cidade e para os cidadãos, uma vez que muito esforço ele obriga a fazer, pela virtude, tanto ao próprio amante como ao amado. Os outros, porém, são todos da outra deusa, da popular. É essa, ó Fedro, a contribuição que, de improviso, eu te apresento sobre o Amor".

Depois de Pausânias – pois assim me ensinam os sábios a falar, em termos iguais – disse Aristodemo que devia discursar Aristófanes, mas ocorreu-lhe, por empanturramento ou por algum outro motivo, um acesso de soluço, impedindo-o de falar. Disse Aristófanes ao médico Erixímaco, que se reclinava logo abaixo dele:

– Ó Erixímaco, és indicado para ou fazer parar o meu soluço, ou falar em meu lugar, até que eu possa parar com ele.

E Erixímaco respondeu-lhe:

– Farei as duas coisas: falarei em teu lugar, e tu, quando acabares com isso, falarás no meu. Enquanto eu estiver falando, vejamos se, retendo tu o fôlego por muito tempo, consegues deter o teu soluço; senão, gargareja com água. Se ele for muito forte, toma algo com que possas coçar o nariz e espirra; se fizeres isso duas ou três vezes, por mais forte que seja, ele cessará.

– Não começarás primeiro o teu discurso – declarou Aristófanes –, que eu por mim é o que farei.

Disse então Erixímaco:

– Parece-me em verdade ser necessário, uma vez que Pausânias, apesar de se ter lançado bem ao seu discurso, não o rematou de modo conveniente, que eu deva tentar pôr-lhe um remate.

Então prosseguiu:

"Com efeito, quanto a ter o Amor dupla natureza, parece-me uma bela distinção; que porém não está ele apenas nas almas dos homens, e para com os belos jovens, mas também nas outras partes, e para com muitos outros objetos, nos corpos de todos os outros animais, nas plantas da terra e por assim dizer em todos os seres é o que creio ter constatado pela prática da medicina, a nossa arte. Grande e admirável é o deus, e a tudo se estende, tanto na ordem das coisas humanas como entre as divinas. Começarei pela medicina a minha fala, a fim de que também homenageemos a arte. A natureza dos corpos, com efeito, comporta esse duplo Amor; o sadio e o mórbido são cada um, reconhecidamente, um estado diverso e dessemelhante, e o dessemelhante deseja e ama o dessemelhante. Um portanto é o amor no que é sadio, e outro no que é mórbido. Então, assim como há pouco dizia Pausânias que aos homens bons é belo aquiescer, e aos intemperantes é feio, também nos próprios corpos, aos elementos bons e sadios de cada corpo é belo o aquiescer e se deve fazê-lo, e é a isso que se dá o nome de medicina. Contudo, aos maus e mórbidos é feio e se deve contrariar, caso se vá ser um técnico. É a medicina, em resumo, a ciência dos fenômenos do amor próprios ao corpo, no que se refere à repleção e à evacuação, e o que nesses fenômenos reconhece o belo amor e o feio é o melhor médico. Igualmente, aquele que faz com que eles se transformem, de modo que se adquira um em vez do outro, e que sabe tanto suscitar amor onde não há mas deve haver, como eliminar quando há, seria um bom profissional. É preciso ser capaz de fazer com que os elementos mais hostis no corpo se tornem amigos e se amem uns aos outros. Os mais hostis são os mais opostos, como o frio ao quente, o amargo ao doce, o seco ao úmido, e todas as coisas desse tipo; foi por ter entre elas suscitado amor e concórdia que nosso ancestral Asclépio, como dizem os poetas daqui e eu acredito, constituiu a nossa arte. A medicina, desse modo, como estou dizendo, é toda ela dirigida nos traços deste deus, assim como também a ginástica e a agricultura.

"No que diz respeito à música, é a todos evidente, por pouco que se lhe preste atenção, que ela se comporta segundo esses mesmos princípios, como parece querer dizer Heráclito, que por sinal em sua expressão não é feliz. O um, diz ele, 'discordando em si mesmo, consigo mesmo concorda, como numa harmonia de arco e lira'. Ora, é grande absurdo dizer que uma harmonia está discordando ou resulta do que ainda discorda. Mas talvez o que ele queria dizer era o seguinte: que do agudo e do grave, antes discordantes e posteriormente combinados, resultou a harmonia, graças à arte musical. Pois não é do agudo e do grave em discordância que pode resultar a harmonia; a harmonia é consonância, consonância é uma certa combinação – e combinação de discordantes, enquanto discordam, é impossível, e inversamente o que discorda e não combina é impossível harmonizar. Assim também o ritmo, que resulta do rápido e do certo, antes dissociados e depois combinados. A combinação em todos esses casos, assim como na medicina, é a música que estabelece, suscitando amor e concórdia entre uns e outros; e assim também a música, quanto à harmonia e ao ritmo, é ciência dos fenômenos amorosos. Aliás, na própria constituição de uma harmonia e de um ritmo é fácil reconhecer os sinais do amor, e nem de algum modo há o duplo amor. Quando porém for preciso para o homem utilizar uma harmonia ou um ritmo, ou fazendo-os, o que chamam composição, ou usando corretamente a melodia e os metros já constituídos, o que se chamou educação, então é difícil e requer um bom profissional. Pois de novo vem a mesma ideia: que aos homens moderados, e para que mais moderados se tornem os que ainda não o sejam, deve-se aquiescer e conservar o seu amor, que é o belo, o celestial, o amor da musa Urânia; o outro, o de Polímnia[2], o popular, deve-se trazer com cautela, para que nenhuma intemperança impeça o desfrute de seu prazer, assim como em nossa arte é importante servir-se de maneira conveniente dos apetites da arte culinária, para que cause prazer e não doença.

"Desse modo, tanto na música como na medicina e em todas as outras artes, humanas e divinas, na medida do possível deve-se conservar um e outro amor, pois ambos se encontram nessas artes. Até nas estações do ano encontramos esses dois amores, que, quando tomados de um amor moderado um pelo outro, levam os contrários de que falei há pouco – o quente e o frio, o seco e o úmido – a adquirir harmonia e a mesclar-se de maneira razoável, trazendo bonança e saúde aos homens, aos outros animais e às plantas, e nenhuma ofensa provocam.

2 Erixímaco, ao contrário de Pausânias, não se refere a Afrodite e sim às Musas, protetoras das artes. Por isso, em lugar de Afrodite Pandêmia, prefere referir-se a Polímnia, musa da poesia lírica – escolha identificada com seu tema, a música.

Quando, no entanto, nas estações do ano se torna mais forte o amor casado com a violência, surgem muitos estragos e ofensas. As pestes costumam resultar dessas causas, assim como muitas e variadas doenças nos animais e nas plantas; geadas, granizos e ferrugem por fungos resultam do excesso e da intemperança mútua de tais manifestações do amor, cujo conhecimento nas translações dos astros e nas estações do ano recebe o nome de astronomia. Ainda mais: todos os sacrifícios, além dos casos que a arte divinatória preside – os quais constituem o comércio entre os deuses e os homens –, não se referem senão à conservação e à cura do amor. A impiedade com frequência surge quando a toda ação do amor moderado não se oferece nem se tributa honra e respeito; ao contrário, dedica-se isso ao outro, tanto no que toca aos pais, vivos e mortos, quanto aos deuses. Foi nisso que à arte divinatória outorgou-se o exame dos amores e sua cura, e é assim que, por seu turno, a arte divinatória conduz à amizade entre deuses e homens, dado o conhecimento de todas as manifestações de amor que, entre os homens, se orientam para a justiça divina e a piedade.

"Assim, múltiplo e grande, ou melhor, universal, é o poder que tem todo o Amor; mas o que tem o poder máximo e é capaz de nos ofertar felicidade é aquele que se consuma com sabedoria e justiça em torno do que é bom, entre nós como entre os deuses. Portanto, ele nos coloca em condições de manter convívio e amizade não só entre nós, mas também com os que são mais poderosos que nós, os deuses. Em conclusão, talvez também eu, louvando o Amor, tenha omitido involuntariamente muita coisa.

"Se algo omiti, ó Aristófanes, é tua tarefa completar. Ou, se tens em mente outro modo de louvar o deus, louva-o, uma vez que o teu soluço já o fizeste cessar."

Aristófanes então tomou a palavra, segundo contou Aristodemo:

– Bem que cessou! Não antes, é verdade, de eu lhe ter aplicado o espirro, a ponto de me admirar com o fato de que a boa ordem do corpo exija ruídos e comichões como o espirro; pois o soluço passou logo que lhe apliquei o espirro.

Erixímaco interveio:

– Meu bom Aristófanes, vê o que fazes. Estás a fazer graça e me obrigas a vigiar o teu discurso, se porventura vais dizer algo risível, quando te é permitido falar em paz.

Aristófanes riu, acrescentando:

– Tens razão, Erixímaco! Fique o dito pelo não dito. Mas não me vigies, pois receio que não seja engraçado o que vou dizer – pois isso seria proveitoso e próprio da nossa musa –, mas ridículo.

– Pois sim! Lançada a tua seta, Aristófanes, pensas em fugir – censurou-o Erixímaco. – És cuidadoso, porém, e falas como se fosses prestar contas. Talvez, se bem me parecer, eu te largarei.

Aristófanes então disse:

"Na verdade, Erixímaco, é outro o propósito do meu discurso, diferente do teu e do de Pausânias. Parece-me que os homens ainda não perceberam o poder do amor, absolutamente. Caso percebessem, iriam erigir-lhe os maiores templos e altares, e lhe dedicariam os maiores sacrifícios. Não seria como agora, em que nada disso há em sua honra, ao passo que, mais que tudo, deveria haver. O amor é o deus que ao homem tem mais amizade, é protetor e médico dos seus males, de cuja cura dependeria a maior felicidade para o gênero humano. Tentarei, portanto, iniciar-vos nesse poder, e vós o ensinareis a outros. Entretanto, primeiro é preciso que vós aprendais sobre a natureza humana e suas vicissitudes. Antigamente, nossa natureza era bem diferente daquela de agora. Três eram os gêneros da humanidade, não dois – o masculino e o feminino –, pois havia também um terceiro, comum a estes dois, do qual resta agora um nome, desaparecida a coisa: andrógino. Era um gênero distinto, na forma e no nome comum aos dois, ao masculino e ao feminino, e agora é simplesmente um nome em desonra. A forma de cada homem era inteiriça, com o dorso redondo e os flancos em círculo; ele possuía quatro mãos e, de pernas, a mesma quantidade das mãos, além de dois rostos sobre um pescoço torneado, semelhantes em tudo, apesar de opostos um ao outro; a cabeça, porém, era uma só, e contava com quatro orelhas, dois sexos, e todo o resto duplicado, como desses exemplos se pode supor. O andar era ereto, como agora, nas duas direções que ele quisesse. Quando se lançavam a uma corrida, faziam como aqueles que, dando cambalhotas e colocando as pernas para cima, formam uma roda. Do mesmo modo, apoiando-se nos seus oito membros, eles se moviam em círculo muito rapidamente. E por que eram três os gêneros, e tal a sua constituição? Ora, porque o masculino descendia do Sol, o feminino da Terra, e o que cabia a ambos era da Lua, uma vez que a Lua também tem de ambos. Tinham a constituição circular, eles e seu jeito de se locomover, porque possuíam genitores assim. Eram, portanto, de uma força e de um vigor inigualáveis, e de uma presunção enorme. Assim, voltaram-se contra os deuses, como Homero de Efialtes e de Otes a eles se refere. Tentaram fazer uma escalada ao céu, para atacar os deuses. Zeus e os outros deuses se reuniram para decidir o que fazer com eles, e essa era uma questão difícil. Não poderiam matá-los e depois fulminá-los, provocando o desaparecimento da raça, como haviam feito com os gigantes – pois, se assim agissem, os templos e as honras que os homens lhes dedicavam desapareceriam –, tampouco poderiam permitir que permanecessem na impiedade. Depois de muita reflexão, Zeus propôs: 'Penso que há um jeito de fazer com que os homens continuem existindo, mas percam os maus costumes. Precisamos torná-los mais fracos. Por isso eu os cortarei, cada um, em dois; assim, a um só tempo, ficarão enfraquecidos e nos serão mais úteis, pois irão se tornar mais numerosos. E, com duas pernas, terão o andar ereto. Caso insistam na arrogância e não se aquietem, eu os cortarei mais uma vez em dois, e eles terão uma só perna; assim, só poderão andar saltitando'. Logo depois de dizer isso, Zeus passou a cortar os homens em dois, como se cortasse sorvas para a conserva, ou como se cortasse ovos com um fio. Terminado o corte, Zeus pedia a Apolo que os curasse e voltasse o rosto e o pescoço de cada um para o lado do corte, a fim de que, ao contemplar a própria mutilação, eles se tornassem mais moderados. Apolo torcia-lhes o rosto, e puxando a pele de todos os lados para formar o ventre, como se entrouxam as bolsas, ele fazia uma única abertura bem no meio, constituindo o que hoje se chama umbigo. Depois, tratou de polir as numerosas pregas e de unir as articulações dos peitos com um instrumento similar ao dos sapateiros quando colocam na fôrma os sapatos e passam a polir suas pregas. Apolo deixou algumas, aquelas que ficam ao redor do ventre e do umbigo, para que os homens se lembrassem de sua antiga condição. Desse modo, desde que nossa natureza se transformou em duas, cada uma passou a procurar sua outra metade, unindo-se a ela quando a encontrava, ambas envolvendo-se com as mãos e enlaçando-se. No ardor de se fundirem, e nada querendo fazer longe uma da outra, morriam de fome e de inércia. Quando uma das metades morria, a outra, que ficava, procurava uma nova metade e com ela se enlaçava, quer se encontrasse com a metade que hoje chamamos mulher, quer com a metade de um homem; e assim se destruíam. Zeus, compadecido, usou de outro expediente: mudou-lhes o sexo para a frente do corpo – até então ele se localizava do lado de fora, fazendo com que a geração e a reprodução não acontecessem um no outro, mas na terra, como as cigarras. Ao colocar o sexo na frente, Zeus mudou tudo isso. A geração passou a se processar com um no outro, o macho na fêmea, para que do enlace – caso fossem um homem e uma mulher – a raça aumentasse. Mas, caso as metades fossem dois homens, que houvesse saciedade em seu convívio e ambos pudessem repousar, voltar ao trabalho e ocupar-se daquilo que a vida tem. Foi assim que há muito tempo o amor, implantado nos homens, restaurou nossa antiga natureza, em sua tentativa de unir as duas metades num só ser e de curar a natureza humana. Cada um de nós, por conseguinte, é uma peça complementar de um homem, porque, cortado em dois, como os linguados, cada qual procura o seu complemento. Assim, todos os homens que são um corte do tipo comum, o que outrora se chamava andrógino, gostam de mulheres, e a maioria dos adultérios provém desse tipo, assim como também todas as mulheres que gostam de homens, e são adúlteras, originam-se nesse tipo. Todas as mulheres formadas pelo corte de uma mulher não dão muita atenção aos homens; preferem outras mulheres. As amiguinhas provêm desse tipo. Já todos os que vieram do corte de um macho perseguem o macho, e, quando crianças, como cortículos do macho, gostam dos homens e se deleitam ao deitar-se com os homens e a eles se enlaçar. São estes os melhores meninos e adolescentes, os mais corajosos por natureza. Alguns comentam, é verdade, que eles são despudorados, o que é mentira: não é por despudor que fazem isso, mas por audácia, coragem e masculinidade, porque acolhem o que lhes é semelhante. Prova disso é que, quando amadurecem, são os únicos que se tornam adeptos da política. E na idade madura eles amam os jovens, não dando atenção a casamentos e à procriação, malgrado sejam obrigados a isso por lei. Contentam-se, porém, em passar a vida um com o outro, solteiros. Assim é que, em geral, esse tipo torna-se amante e amigo do amante, porque sempre acolhe o que lhe é semelhante.

"Quando encontra sua metade, tanto o amante do jovem como qualquer outro, então são extraordinárias as emoções que experimentam, de amizade, intimidade e amor, a ponto de não quererem, por assim dizer, separar-se um do outro nem por um momento. São estes os que permanecem um com o outro a vida inteira, e nem saberiam dizer o que querem que lhes venha da parte de um e do outro. A ninguém pareceria, na verdade, que se trata de união sexual, e que é por isso que um gosta tanto da companhia do outro, com tanto interesse;

ao contrário, é evidente que a alma de cada um quer algo, mas não pode dizer o que é esse algo. No entanto, adivinha esse querer e o expressa por enigmas. Se Hefesto surgisse com seus instrumentos diante deles, deitados no mesmo leito, e lhes perguntasse o que desejavam um do outro, e se, diante do embaraço de ambos, lhes perguntasse se queriam ficar juntos, no mesmo lugar, um para o outro, sem se separar nem de noite, nem de dia, Hefesto declararia que fundiria os dois, forjando-os numa mesma pessoa, para que se tornassem um só, e que assim, como uma só pessoa, viveriam em comum. E morreriam os dois uma morte comum, e depois disso iriam juntos para o Hades. 'Mas vede se é assim o vosso amor, e se vos contentais se conseguirdes isso', diria Hefesto. Ao ouvir essas palavras, os dois, sabemos, diriam sim e não demonstrariam querer outra coisa. Um e outro teriam ouvido, na verdade, o que há muito desejavam: unir-se e confundir-se com o amado e de dois se tornar um só. Isso acontece porque nossa antiga natureza era assim, éramos um todo; é portanto ao desejo e à procura do todo que se dá o nome de amor. Antigamente, como eu disse, éramos um só, e nossa intemperança levou o deus a nos separar, como o foram os árcades pelos lacedemônios. Se não formos justos para com os deuses, devemos temer ser mais uma vez fendidos em dois, e então perambularemos como aqueles que nas estelas estão talhados de perfil, serrados na linha do nariz. Em vista dessa eventualidade, todo homem deve a todos exortar à piedade para com os deuses, a fim de evitar uma e alcançar a outra, na medida em que o Amor nos dirige e comanda. Que, em sua ação, ninguém se lhe oponha – os que se opõem tornam-se odiosos perante os deuses –, pois, uma vez amigos do deus e com ele reconciliados, iremos descobrir e conseguir o nosso amado, o que é para poucos. E não suspeite, Erixímaco, que faço comédia de meu discurso, que é a Pausânias e Agatão que me refiro; talvez eles também se encontrem entre os que citei, são ambos de natureza máscula, mas falei a respeito de todos, homens e mulheres. Nossa raça se tornaria feliz se realizássemos o amor de modo pleno e se cada um de nós encontrasse o seu amado, retomando sua natureza primitiva. E se isso para nós é o melhor, é forçoso que, dos casos atuais, o que mais se aproxima do melhor é conseguir um bem-amado de acordo com nosso gosto; e se por isso fôssemos glorificar o deus responsável, merecidamente glorificaríamos o Amor. Ele nos é de máxima utilidade, pois nos conduz ao que nos é familiar e nos dá as maiores esperanças para o futuro; se formos piedosos para com os deuses, poderemos nos restabelecer em nossa primitiva natureza. O Amor, depois de nos curar, nos fará bem-aventurados e felizes.

"Eis, Erixímaco, o meu discurso sobre o Amor, distinto do teu. Como eu te pedi, não faças comédia dele, a fim de que possamos ouvir também o que dirão os restantes, ou, antes, cada um dos dois, pois restam apenas Agatão e Sócrates."

– Eu te obedecerei – prometeu Erixímaco. – Para mim, o conteúdo do teu discurso foi muito agradável. E se eu não soubesse que Sócrates e Agatão são terríveis nas questões do amor, muito temeria que lhes faltassem argumentos, pelo muito e variado que até aqui se disse. Na verdade, porém, eu confio neles.

Sócrates tomou a palavra:

– É que tem sido bela a competição que propuseste, ó Erixímaco! Mas se estivesses na situação em que agora estou, ou melhor, em que estarei, depois que Agatão tiver falado, bem grande seria o teu temor, e em tudo, por tudo, estarias como eu agora.

– Enfeitiçar é o que me queres, ó Sócrates – disse-lhe Agatão –, a fim de que eu me inquiete diante da ideia de que o público tem grande expectativa de que seja bom o meu discurso.

– Eu não passaria de um desmemoriado, meu amigo – declarou Sócrates –, se, depois de ver tua coragem e altivez ao subir no palco com os atores e encarar uma plateia numerosa, no momento em que ias apresentar tua peça, sem te abalar, se eu agora imaginasse que tu te inquietaria por nós, que somos tão poucos.

– Ora, Sócrates! – exclamou Agatão. – Sem dúvida não me julgas tão cheio de teatro que ignore que, a quem tem juízo, poucos sensatos são mais temíveis que uma multidão insensata!

– Eu de fato não faria bem, Agatão, se pensasse em alguma deselegância a teu respeito – respondeu Sócrates. – Ao contrário, sei bem que, caso te encontrasses entre pessoas que considerasses sábias, te preocuparias mais com elas do que com a multidão. Entretanto, receio que não sejamos tais pessoas, pois estávamos no teatro e éramos parte da multidão. Mas se te encontrasses com outros, com sábios, sem dúvida te envergonharias deles se pensasses estar cometendo algum ato que julgasses vergonhoso. Não é assim?

– É verdade – afirmou Agatão.

– E não te envergonharias da multidão, se julgasses estar fazendo algo vergonhoso?

Nesse momento, segundo me contou Aristodemo, Fedro interrompeu o diálogo:

– Meu caro Agatão, se responderes a Sócrates, nada mais lhe importará do nosso programa de hoje, seu andamento ou sua conclusão. Tudo que ele quer é ter com quem dialogar, em especial se for com um homem belo. Ouço Sócrates com muito prazer, mas neste momento me é forçoso cuidar do elogio ao Amor e recolher de cada um de vós o discurso. Que cada um pague o que deve ao deus e assim já podemos voltar a conversar.

– Muito bem, Fedro! – exclamou Agatão. – Nada me impede de falar, pois com Sócrates poderei conversar muitas vezes depois.

"Antes de falar, quero dizer como vou falar. Pareceu-me que todos os que discursaram, em vez de louvar o deus, elogiaram os homens, aos quais felicitaram pelos bens que o deus lhes deu. Ninguém disse, porém, qual é a natureza divina em virtude da qual foram criados tais dons. Ora, a única maneira correta de elogiar alguém é, no discurso, explicar em virtude de que natureza aquele de quem se fala vem a ser a causa de tais efeitos. Assim, é justo que primeiro louvemos o Amor em sua natureza, tal qual ele é, e depois exaltemos os seus dons. Então, digo que de todos os deuses, que são felizes, o Amor, se é lícito dizê-lo sem incorrer em vingança, é o mais feliz, porque é o mais belo e o melhor. E ele é o mais belo por ser tal como segue.

"Primeiro, ó Fedro, o Amor é o mais jovem dos deuses. E ele próprio fornece a prova do que digo quando foge da velhice, que é rápida, e, reconheçamos, mais rápida do que desejaríamos, e para nós se encaminha. O Amor, por sua natureza, odeia a velhice e nem de longe se aproxima dela. Mas ama a juventude, e por isso está sempre ao lado dos jovens e convive com eles. Está correto o antigo ditado, de que o semelhante sempre se aproxima do semelhante. Eu, embora concorde com Fedro em muitos outros pontos, nisso não concordo, de que Amor seja mais antigo que Crono e Jápeto. Ao contrário, afirmo ser ele o mais novo dos deuses, e se mantém sempre jovem. As questões entre os deuses, de que falam Hesíodo e Parmênides, não ocorreram por Amor e sim por Necessidade, se é verdade o que eles disseram; não haveria mutilações nem prisões, nem muitas outras violências, e sim amizade e paz, caso o Amor estivesse entre eles, pois o Amor reina entre os deuses. Ele é jovem, e, além de jovem, delicado; falta-lhe porém um poeta como Homero para mostrar sua delicadeza. Homero afirma que Ate é uma deusa delicada, e que seus pés também são delicados:

seus pés são delicados,
pois não sobre o solo
se movem,
mas sobre a cabeça
dos homens ela anda.

“Me parece bela a prova com que Homero revela a delicadeza da deusa: não anda ela sobre o que é duro, mas sobre o que é macio. Utilizaremos a mesma prova a respeito do Amor, de que ele é delicado. Não é sobre a terra que ele anda, nem sobre cabeças, que não são lá muito moles, mas anda e reside no que há de mais brando entre os seres: nos costumes, nas almas de deuses e de homens ele fez sua morada. Não em todas as almas, de maneira indistinta, pois se afasta quando encontra um costume rude em algumas delas, e habita somente naquelas que são delicadas. Desse modo, ao se encontrar sempre em contato, tanto nos pés como em tudo, com os mais brandos entre os seres mais brandos, necessariamente é ele o que há de mais delicado. É então o mais jovem, o mais delicado, e, além dessas qualidades, sua constituição é úmida. Pois não seria capaz de se amoldar de todo jeito, nem entrar nas almas despercebido, e depois sair, se fosse ele seco. A prova de sua constituição acomodada e úmida é sua bela compleição, que todos reconhecem nele; é que entre deformidade e amor, de parte a parte, sempre há guerra. Quanto à beleza de sua tez, o seu viver entre flores bem o atesta; pois naquilo que não floresce, como no que já floresceu, corpo, alma ou o que quer que seja, não se assenta o Amor; ele apenas se instala nos lugares muito floridos e perfumados, e ali permanece.

"Sobre a beleza do deus eu já disse o bastante, e no entanto ainda muita coisa há; sobre a virtude do Amor devo falar agora, principalmente que ele não comete nem sofre injustiça, nem de um deus nem contra um deus, nem de um homem nem contra um homem. Ele não cede à força, se é que a algo cede – pois a violência não toca no Amor –, nem, quando age, age, pois todo homem de bom grado o serve em tudo, e é justo o que de bom grado uma parte a outra reconhece, dizem 'as leis, rainhas da cidade'. Além da justiça, ele compartilha da máxima temperança. E é a temperança, reconhecidamente, o domínio sobre prazeres e desejos; nenhum prazer é predominante no Amor; e, se inferiores, são dominados por ele, que, no controle de prazeres e desejos, é excepcionalmente temperante. E também quanto à coragem, ao Amor 'nem Ares se lhe opõe'. Com efeito, Ares não pega Amor, mas Amor pega Ares – o de Afrodite, de acordo com a lenda – e é mais forte o que pega do que é pegado: dominando assim o mais corajoso de todos, seria então ele o mais corajoso.

"Da justiça, portanto, da temperança e da coragem do deus, está dito; de sua sabedoria, contudo, falta dizer; deve-se procurar, tanto quanto possível, não ser omisso. Em primeiro lugar, para que também eu, por minha vez, honre a minha arte como Erixímaco a dele, direi que o Amor é um poeta, e sábio, tanto que também a outro ele torna poeta; qualquer um torna-se poeta, 'mesmo que antes seja estranho às Musas', desde que lhe toque o Amor. E o que nos cabe utilizar como testemunho de que o deus é um bom poeta em toda criação artística, é dizer que não se pode dar nem ensinar aquilo que não se tem nem aquilo que não se sabe. E, em verdade, a criação dos animais todos, quem contestará que não é a sabedoria do Amor, pela qual nascem e crescem todos os animais? E, no exercício das artes, sabemos que aquele de quem este deus se torna mestre acaba célebre e ilustre, enquanto aquele em quem o Amor não toca acaba obscuro. E quanto à arte do arqueiro, à medicina, à adivinhação, inventou-as Apolo guiado pelo desejo e pelo amor, de modo que também Apolo seria discípulo do Amor. Assim como também as Musas nas belas-artes, Hefesto na metalurgia, Atena na tecelagem e Zeus na arte 'de governar os deuses e os homens'. E foi daí que até as questões dos deuses foram regradas quando entre eles surgiu o Amor, da beleza – pois no feio ele não se firma –, ao passo que, antes dele, diz-se que muitos casos terríveis se davam entre os deuses, porque entre eles a Necessidade reinava; desde, porém, que o Amor passou a existir, por amar as belas coisas toda espécie de bem surgiu para deuses e homens.

"Assim é que me parece, ó Fedro, que o Amor, em primeiro lugar, por ser em si mesmo o mais belo e o melhor, depois é que é para os outros a causa de outros tantos bens. Mas ocorre-me agora também em verso dizer alguma coisa, que é ele o que produz

paz entre os homens,
e no mar
bonança,
repouso tranquilo de ventos e
sono na dor.

"É ele que nos tira o sentimento de estranheza e nos enche de familiaridade, promovendo as reuniões desse tipo, para que nos encontremos todos, tornando-se nosso guia nas festas, nos coros, nos sacrifícios; incutindo brandura e excluindo rudeza; pródigo de bem-querer e incapaz de malquerer; propício e bom; contemplado pelos sábios e admirado pelos deuses; invejado pelos desafortunados e conquistado pelos afortunados; do luxo, do requinte, do brilho, das graças, do ardor e da paixão, pai; diligente com o que é bom e negligente com o que é mau; no labor, no temor, no ardor da paixão, no teor da expressão, piloto e combatente, protetor e salvador supremo, adorno de todos os deuses e homens, guia belíssimo e excelente, que todo homem deve seguir, celebrando-o em belos hinos, e compartilhando do canto com ele encanta o pensamento de todos os deuses e homens.

"Este, ó Fedro, o discurso que de minha parte quero que seja ao deus oferecido, em parte jocoso, em parte, tanto quanto posso, discretamente sério."

Depois que falou Agatão, continuou Aristodemo, todos os presentes aplaudiram, por ter o jovem falado à altura do seu talento e da dignidade do deus. Sócrates então olhou para Erixímaco e lhe disse:

– Porventura, ó filho de Acúmeno, parece-te que não tem nada de temível o temor que de há muito sinto, e que não foi profético o que há pouco eu dizia, que Agatão falaria maravilhosamente, enquanto eu me haveria de embaraçar?

– Em parte – respondeu-lhe Erixímaco. – Parece-me profético o que disseste, que Agatão falaria bem; mas quanto a te embaraçares, não creio.

– E como, ditoso amigo – respondeu Sócrates –, não vou embaraçar-me, eu e qualquer outro, quando devo falar depois de proferido um discurso tão belo e colorido? Não é que as suas demais partes não sejam igualmente admiráveis; mas o que está no final, pela beleza dos termos e das frases, quem não se teria perturbado ao ouvi-lo? Considerando que eu não seria capaz de nem de perto proferir algo tão belo, de vergonha quase me retirava e partia, se tivesse algum meio. Vinha-me à mente o discurso de Górgias, a ponto de eu sentir realmente o que disse Homero. Temia que, concluindo, Agatão em seu discurso enviasse ao meu a cabeça de Górgias, terrível orador, e a mim transformasse em pedra, sem voz. Refleti então que estava sendo ridículo quando convosco concordava em fazer na minha vez, depois de vós, o elogio ao Amor, dizendo ser terrível nas questões de amor, quando na verdade nada sabia do assunto, e de como deveria fazer um elogio. Pois eu achava, por ingenuidade, que se devia dizer a verdade sobre tudo que está sendo elogiado, e que isso era fundamental, assim como da própria verdade escolher as mais belas manifestações para dispô-las do modo mais decente possível; e muito me orgulhava então, como se eu fosse falar bem, como se soubesse a verdade em todo elogio. No entanto, aí está, não era esse o belo elogio ao que quer que fosse, mas sim o acrescentar o máximo à coisa, e o mais belamente possível, quer ela seja assim, quer não; quanto a ser falso, não tinha nenhuma importância. Foi, em verdade, combinado como cada um de nós entenderia elogiar o Amor, não como cada um o elogiaria. Eis por que, pondo em ação todo argumento, vós o aplicais ao Amor, e dizeis que ele é tal e causa de tantos bens, a fim de aparecer ele como o mais belo e o melhor possível, evidentemente aos que o não conhecem – pois não o é aos que o conhecem –, e eis que o elogio fica belo, sim, e nobre. Mas é que eu não sabia então o modo de elogiar, e sem saber concordei, também eu, em elogiá-lo na minha vez: "a língua jurou, mas o meu peito não"; que ela então se vá. Não vou mais elogiar desse modo, que não o poderia, é certo, mas a verdade sim, se vos apraz, quero dizer à minha maneira, e não em competição com os vossos discursos, para não me prestar ao riso.

"Vê então, Fedro, se por acaso há ainda precisão de um tal discurso, de dizer sobre o Amor a verdade, mas com nomes e com a disposição de frases que por acaso me tiver ocorrido."

Fedro e os demais presentes, disse-me Aristodemo, pediram a Sócrates que falasse como entendesse que devia falar.

– Permite-me ainda, Fedro – retornou Sócrates –, fazer umas perguntinhas a Agatão, a fim de que, tendo obtido o seu acordo, eu já possa assim falar.

– Mas sim, permito – disse Fedro. – Pergunta!

E então, disse Aristodemo, Sócrates começou mais ou menos por esse ponto:

– Realmente, caro Agatão, bem me pareceste iniciar teu discurso, quando dizias que primeiro se devia mostrar o próprio Amor, qual a sua natureza, e depois as suas obras. Esse começo, muito o admiro.

"Vamos então, a respeito do Amor, pois em geral explicaste bem e magnificamente qual é a sua natureza, dize-me também o seguinte: é de tal natureza o Amor que é amor de algo ou de nada? Estou perguntando não se é de mãe ou de pai – pois ridícula seria essa pergunta, se Amor é amor de pai ou de mãe –, mas é como se, a respeito disso mesmo, de 'pai', eu perguntasse: 'Porventura o pai é pai de algo ou não?' Ter-me-ias sem dúvida respondido, se me quisesses dar uma bela resposta, que é de um filho ou de uma filha que o pai é pai ou não?"

– Exatamente – disse Agatão.

– E também a mãe não é assim?

– Também – admitiu ele.

– Responde-me ainda mais um pouco, a fim de melhor compreenderes o que quero. Se eu te perguntasse: "E irmão, enquanto é justamente isso mesmo que é, é irmão de algo ou não?"

– É, sim – respondeu Agatão.

– De um irmão ou de uma irmã, não é?

Agatão concordou.

– Tenta então – continuou Sócrates –, também a respeito do Amor, dizer-me: o amor é amor de nada ou de algo?

– De algo, sim.

– Guarda então isso contigo, lembrando-te de que é que ele é amor. Agora, dize-me apenas o seguinte: será que o amor, aquilo de que é amor, ele o deseja ou não?

– Deseja, perfeitamente – respondeu o outro.

– E é quando tem isso que deseja e ama que ele então deseja e ama, ou quando não tem?

– Quando não tem, como é bem provável – disse Agatão.

– Observa bem – continuou Sócrates –, se, em vez de uma probabilidade, não é uma necessidade que leva ao amor. Quem deseja aquilo de que é carente, não o deseja se não for carente. É espantoso como me parece, Agatão, ser uma necessidade. E a ti?

– Também a mim – disse ele.

– Tens razão. Pois porventura desejaria ser grande aquele que já é grande, ou quem já é forte ser forte?

– Impossível, pelo que foi admitido.

– Com efeito, não seria carente disso o que é justamente isso.

– É verdade o que dizes.

– Se mesmo o forte quisesse ser forte, e o rápido ser rápido, e o sadio ser sadio... Pois talvez alguém pensasse que nesses e em todos os casos semelhantes os que são assim e têm essas qualidades desejam o que justamente têm, e é para não nos enganarmos que estou dizendo isso... Ora, Agatão, para estes, se atinas bem, é forçoso que tenham no momento tudo aquilo que têm, quer queiram, quer não, e isso mesmo, sim, quem é que poderia desejá-lo? Mas quando alguém diz: "Eu, mesmo sadio, desejo ser sadio, e mesmo rico, ser rico, e desejo isso mesmo que tenho", poderíamos dizer-lhe: "Ó homem, tu que possuis riqueza, saúde e fortaleza, o que queres é também no futuro possuir esses bens, pois no momento, quer queiras quer não, tu os tens; observa então se, quando dizes 'desejo o que tenho comigo', não queres dizer outra coisa senão isso: 'Quero que o que tenho agora comigo, também no futuro eu o tenha'". Deixaria ele de admitir?

Agatão, contou-me Aristodemo, concordou com Sócrates.

– Não é isso então amar o que ainda não está à mão nem se tem, o querer que, para o futuro, seja isso que se tem conservado consigo e presente? – questionou Sócrates.

– Perfeitamente – disse Agatão.

– Esse então, como qualquer outro que deseja, deseja o que não está à mão nem consigo, o que não tem, o que não é ele próprio e o de que é carente; tais são mais ou menos as coisas de que há desejo e amor, não é?

– Perfeitamente – retornou Agatão.

– Vamos então – continuou Sócrates – recapitular o que foi dito. Não é certo que o Amor é, primeiro, de certas coisas, e depois, daquelas de que ele tem precisão?

– Sim.

– Agora, lembra-te de que é que em teu discurso disseste ser o Amor; se preferes, eu te lembrarei. Creio que foi mais ou menos assim que disseste, que aos deuses foram arranjadas suas questões através do amor do que é belo, pois do que é feio não havia amor. Não era mais ou menos assim que dizias?

– Sim, com efeito – disse Agatão.

– E acertadamente o dizes, amigo – declarou Sócrates. – Se é assim, não é certo que o Amor seria da beleza, mas não da feiura?

Agatão concordou.

– Não está então admitido que aquilo de que ele é carente, e que não tem, é o que ele ama?

– Sim – disse ele.

– Carece então de beleza o Amor, e não a tem?

– É forçoso.

– E então? O que carece de beleza e de modo algum a possui, porventura dizes tu que é belo?

– Não, sem dúvida.

– Ainda admites por conseguinte que o Amor é belo, se isso é assim?

E Agatão:

– É bem provável, ó Sócrates, que nada sei do que então disse?

– E no entanto – prosseguiu Sócrates –, foi belo o que disseste, Agatão. Mas dize-me ainda uma pequena coisa: o que é bom não te parece que também é belo?

– Parece-me, sim.

– Se portanto o Amor é carente do que é belo, e o que é bom é belo, também do que é bom seria ele carente.

– Eu não poderia, ó Sócrates, contradizer-te; mas seja assim como tu dizes.

– É a verdade, querido Agatão, que não podes contradizer, pois a Sócrates não é nada difícil.

"E a ti eu deixarei agora; mas o discurso que sobre o Amor ouvi um dia, de uma mulher de Mantineia, de nome Diotima, que nesse assunto era entendida e em muitos outros – foi ela que uma vez, porque os atenienses ofereceram sacrifícios para conjurar a peste, fez recuar a doença por dez anos, e era ela que me instruía nas questões de amor; o discurso que me fez aquela mulher eu tentarei repetir-vos, a partir do que foi admitido por mim e por Agatão, com meus próprios recursos e como eu puder. É de fato preciso, Agatão, como tu indicaste, primeiro discorrer sobre o próprio Amor, quem é ele e qual sua natureza, e depois sobre suas obras. Parece-me então que o mais fácil é proceder como outrora a estrangeira, que discorria interrogando-me, pois também eu quase que lhe dizia outras tantas coisas tais quais agora me diz Agatão: que era o Amor um grande deus, e era do que é belo; e ela me refutava, exatamente com estas palavras, com que estou refutando a este, que nem era belo segundo minha palavra, nem bom.

E eu, então:

– Que dizes, ó Diotima? É feio então o Amor, e mau?

E ela:

– Não vais te calar? Acaso pensas que o que não for belo é forçoso ser feio?

– Exatamente.

– E se não for sábio é ignorante? Ou não percebeste que existe algo entre sabedoria e ignorância?

– Que é?

– O opinar certo, mesmo sem poder dar razão, não sabes que nem é saber... pois o que é sem razão, como seria ciência?... nem é ignorância... pois o que atinge o ser, como seria ignorância?... e que é sem dúvida alguma coisa desse tipo a opinião certa, um intermediário entre entendimento e ignorância.

– É verdade o que dizes – tornei-lhe.

– Não fiques, portanto, forçando o que não é belo a ser feio, nem o que não é bom a ser mau. Assim também o Amor, porque tu mesmo admites que não é bom nem belo, nem por isso vás imaginar que ele deve ser feio e mau, mas sim algo que está entre esses dois extremos.

– E todavia é reconhecido por todos que ele é um grande deus.

– Todos os que não sabem, é o que estás dizendo, ou também os que sabem?

– Todos eles, sem dúvida.

Ela sorriu e disse:

– E como, ó Sócrates, admitiriam ser um grande deus aqueles que afirmam que nem deus ele é?

– Quem são estes? – perguntei-lhe.

– Um és tu – respondeu-me. – E eu, outra.

– Que queres dizer com isso?

– É simples. Dize-me: todos os deuses não os afirmas felizes e belos? Ou terias a audácia de dizer que algum deles não é belo nem feliz?

– Por Zeus, não!

– E os felizes então, não dizes que são os que possuem o que é bom e o que é belo?

– Perfeitamente.

– Mas no entanto, o Amor, tu reconheceste, que por carência do que é bom e do que é belo, deseja isso mesmo de que é carente.

– Reconheci, é verdade.

– Como então seria deus o que justamente é desprovido do que é belo e bom?

– De modo algum – neguei. – Pelo menos ao que parece.

– Estás vendo, então, que também tu não julgas o Amor um deus?

– Que seria então o Amor? – perguntei-lhe. – Um mortal?

– Absolutamente.

– Mas o quê, ao certo, ó Diotima?

– Como nos casos anteriores – disse-me ela –, algo entre mortal e imortal.

– O quê, então, ó Diotima?

– Um grande gênio, ó Sócrates; e tudo o que é gênio está entre um deus e um mortal.

– E com que poder? – perguntei-lhe.

– O de interpretar e transmitir aos deuses o que vem dos homens, e aos homens o que vem dos deuses, de uns as súplicas e os sacrifícios, e dos outros as ordens e as recompensas pelos sacrifícios. E como está no meio de ambos ele os completa, de modo que o todo fica ligado todo ele a si mesmo. Por seu intermédio é que procede não só toda arte divinatória, como também a dos sacerdotes que se ocupam dos sacrifícios, das iniciações e dos encantamentos, e enfim de toda adivinhação e magia. Um deus com um homem não se mistura, mas é através desse ser que se faz todo o convívio e o diálogo dos deuses com os homens, tanto quando despertos como quando dormindo; e aquele que em tais questões é sábio, é um homem de gênio, enquanto o sábio em qualquer outra coisa, arte ou ofício, é um artesão. E esses gênios, é certo, são muitos e diversos, e um deles é justamente o Amor.

– E quem é seu pai? – perguntei-lhe. – E sua mãe?

– É um tanto longo de explicar – respondeu ela. – Mesmo assim, eu te direi. Quando nasceu Afrodite, banqueteavam-se os deuses, e entre os demais se encontrava também Recurso, filho de Prudência. Depois que acabaram de jantar, veio para esmolar do festim a Pobreza, e ficou pela porta. Ora, Recurso, embriagado com o néctar, pois vinho ainda não havia, penetrou o jardim de Zeus e, pesado, adormeceu. Pobreza então, tramando em sua falta de recurso engendrar um filho de Recurso, deita-se a seu lado e de pronto concebe o Amor. Eis por que ficou companheiro e servo de Afrodite o Amor, gerado em seu natalício, ao mesmo tempo que por natureza amante do belo, porque também Afrodite é bela. E por ser filho, o Amor, de Recurso e de Pobreza, foi essa a condição em que ele ficou. Primeiro, ele é sempre pobre, e longe está de ser delicado e belo, como a maioria imagina, mas é duro, seco, descalço e sem lar, sempre por terra e sem forro, deitando-se ao desabrigo, às portas e nos caminhos, porque tem a natureza da mãe, sempre convivendo com a precisão. Segundo o pai, porém, ele é insidioso com o que é belo e bom, e corajoso, decidido e enérgico, caçador terrível, sempre a tecer maquinações, ávido de sabedoria e cheio de recursos, a filosofar por toda a vida, terrível mago, feiticeiro, sofista. Nem imortal é sua natureza, nem mortal, e no mesmo dia ora ele germina e vive, quando enriquece; ora morre e de novo ressuscita, graças à natureza do pai; e o que conquista sempre lhe escapa, de modo que nem empobrece, nem enriquece, assim como também está no meio da sabedoria e da ignorância. Eis com efeito o que se dá. Nenhum deus filosofa ou deseja ser sábio, pois já é, assim como se alguém mais é sábio, não filosofa. Nem também os ignorantes filosofam ou desejam ser sábios; pois é nisso mesmo que está o difícil da ignorância, no pensar. Quem não é um homem distinto e gentil, nem inteligente, lhe basta ser assim. Não deseja portanto quem não imagina ser deficiente naquilo que não pensa lhe ser preciso.

– Quais então, Diotima, os que filosofam, se não são nem os sábios nem os ignorantes?

– É o que é evidente desde já até a uma criança: são os que estão entre esses dois extremos, e um deles seria o Amor. Uma das coisas mais belas é a sabedoria, e o Amor é amor pelo belo, de modo que é forçoso o Amor ser filósofo e, sendo filósofo, estar entre o sábio e o ignorante. E a causa dessa sua condição é a sua origem, pois é filho de um pai sábio e rico e de uma mãe que não é sábia e é pobre. É essa então, ó Sócrates, a natureza desse gênio; quanto ao que pensaste ser o Amor, não é nada de espantar que o tiveste. Pois pensaste, ao que me parece, de acordo com o que tu dizes, que Amor era o amado e não o amante; eis por que, segundo penso, te parecia todo belo o Amor. E de fato o que é amável é que é realmente belo, delicado, perfeito e bem-aventurado; é outro, porém, o caráter do amante, tal qual expliquei.

E eu lhe afirmei:

– Muito bem, estrangeira! É belo o que dizes! Sendo porém tal a natureza do Amor, que proveito ele tem para os homens?

– Eis o que agora tentarei ensinar-te. Tal é de fato a sua natureza e tal a sua origem; e é do que é belo, como dizes. Ora, se alguém nos perguntasse: "Em que é que é amor do que é belo o Amor, ó Sócrates e Diotima?" Ou, mais claramente: "Ama o amante o que é belo; que é que ele ama?"

– Tê-lo consigo – respondi-lhe.

– Mas essa resposta requer uma pergunta desse tipo: "Que terá aquele que ficar com o que é belo?"

– Não posso responder-lhe de pronto a essa pergunta.

– Mas é como se alguém tivesse mudado a questão e, usando o bom em vez do belo, perguntasse: "Vamos, Sócrates, ama o amante o que é bom; que é que ele ama?"

– Tê-lo consigo – respondi-lhe.

– E que terá aquele que ficar com o que é bom?

– Isso eu posso mais facilmente responder: ele será feliz.

– É com efeito pela aquisição do que é bom que os felizes são felizes, e não mais é preciso perguntar: "E para que quer ser feliz aquele que o quer?" Ao contrário, completa parece a resposta.

– É verdade o que dizes – tornei-lhe.

– E essa vontade e esse amor, pensas que é comum a todos os homens, e que todos querem ter sempre consigo o que é bom, ou que dizes?

– Isso – respondi-lhe. – É comum a todos.

– E por que então, ó Sócrates, não são todos que amam, se é que todos desejam a mesma coisa e sempre, mas sim que uns amam e outros não?

– Também eu admiro-me diante disso.

– Mas não! Não te admires! – retrucou ela. – Pois é porque destacamos do amor um certo aspecto e, aplicando-lhe o nome do todo, nós o chamamos de amor, enquanto para os outros aspectos servimo-nos de outros nomes.

– Como, por exemplo?

– Como o seguinte. Sabes que "poesia" é algo de múltiplo; pois toda causa de qualquer coisa passar do não-ser ao ser é "poesia", de modo que as confecções de todas as artes são "poesias", e todos os seus artesãos são poetas.

– É verdade o que dizes.

– Todavia – continuou ela –, tu sabes que estes não são denominados poetas, mas têm outros nomes, enquanto de toda a "poesia" uma única parcela foi destacada, a que se refere à música e aos versos, e com o nome do todo é denominada. Poesia é com efeito só isso que se chama, e os que têm essa parte da poesia, poetas.

– É verdade.

– Pois assim também é com o amor. Em geral, todo esse desejo do que é bom e de ser feliz, eis o que é "o supremo e insidioso amor, para todo homem"; no entanto, enquanto uns, porque se voltam para ele por vários outros caminhos, ou pela riqueza ou pelo amor à ginástica ou à sabedoria, nem se diz que amam nem que são amantes; outros ao contrário, procedendo e empenhando-se numa só forma, detêm o nome do todo, de amor, de amar e de amantes.

– É bem provável que estejas dizendo a verdade – disse-lhe eu.

– E de fato corre um dito segundo o qual são os que procuram a sua própria metade os que amam; o que eu digo porém é que não é nem da metade o amor, nem do todo; pelo menos, meu amigo, se não se encontra este em bom estado, pois até os seus próprios pés e mãos querem os homens cortar, se lhes parece que o que é seu está ruim. Não é o que é seu, penso, que cada um estima, a não ser que se chame o bem de próprio e de seu, e o mal de alheio; pois nada mais há que os homens amem senão o bem; ou te parece que amam?

– Não, por Zeus – respondi-lhe.

– Será então que é tão simples assim, dizer que os homens amam o bem?

– Sim.

– E então? Não se deve acrescentar que é ter consigo o bem que eles amam?

– Deve-se.

– E, sem dúvida, não apenas ter, mas sempre ter?

– Também isso se deve acrescentar.

– Em resumo, então, é o amor de consigo ter sempre o bem.

– Certíssimo o que dizes, ó Diotima.

– Se então é sempre isso o amor, de que modo, nos que o perseguem, e em que ação, o seu zelo e esforço se chamariam amor? – continuou ela. – Que vem a ser essa atividade? Podes dizer-me?

– Eu não te admiraria então por tua sabedoria, nem te frequentaria para aprender isso mesmo.

– Mas eu te direi. É isso, com efeito, um parto em beleza, tanto no corpo como na alma.

– É um adivinho – disse-lhe eu – que requer o que estás dizendo. Não entendo.

– Pois eu te falarei com mais clareza, Sócrates. Todos os homens concebem, não só no corpo como também na alma, e quando chegam a certa idade, é dar à luz que deseja a nossa natureza. Mas ocorrer isso no que é inadequado é impossível. E o feio é inadequado a tudo o que é divino, enquanto o belo é adequado. Moira então e Ilítia[3] do nascimento é a Beleza. Por isso, quando do belo se aproxima o que está em concepção, acalma-se, e de júbilo transborda, e dá à luz e gera; quando porém é do feio que se aproxima, sombrio e aflito contrai-se,

3 Na mitologia grega, uma das Moiras (três irmãs que teciam o fio da vida de cada ser humano), e Ilítia, são as divindades que protegem a gestação, o parto e o nascimento.

afasta-se, recolhe-se e não gera, mas, retendo o que concebeu, penosamente o carrega. Daí é que ao que está prenhe e já intumescido é grande o alvoroço que lhe vem à vista do belo, que de uma grande dor liberta o que está prenhe. É com efeito, Sócrates, não do belo o amor, como pensas.

– Mas de que é enfim?

– Da geração e da parturição no belo.

– Seja – disse-lhe eu.

– Perfeitamente. E por que assim da geração? Porque é algo de perpétuo e mortal para um mortal, a geração. E é a imortalidade que, com o bem, necessariamente se deseja, pelo que foi admitido, se é que o amor é amor de sempre ter consigo o bem. É de fato forçoso por esse argumento que também da imortalidade seja o amor.

Tudo isso ela me ensinava, quando sobre as questões de amor discorria, e uma vez ela me perguntou:

– Que pensas, ó Sócrates, ser o motivo desse amor e desse desejo? Não percebes como é estranho o comportamento de todos os animais quando desejam gerar, tanto dos que andam quanto dos que voam, adoecendo todos em sua disposição amorosa, primeiro no que concerne à união de um com o outro, depois no que diz respeito à criação do que nasceu? E como em vista disso estão prontos para lutar, os mais fracos contra os mais fortes, E mesmo morrer, não só se torturando pela fome a fim de alimentá-los como tudo o mais fazendo? Ora, os homens, poder-se-ia pensar que é pelo raciocínio que eles agem assim; mas os animais, qual a causa desse seu comportamento amoroso? Podes dizer-me?

De novo eu lhe disse que não sabia; e ela tornou:

– Imaginas então algum dia te tornares temível nas questões do amor, se não refletires nesses fatos?

– Mas é por isso mesmo, Diotima, como há pouco eu te dizia, que vim a ti, porque reconheci que precisava de mestres. Dize-me então não só a causa disso, como de tudo o mais que concerne ao amor.

– Se de fato crês que o amor é por natureza amor daquilo que muitas vezes admitimos, não fiques admirado. Pois aqui, segundo o mesmo argumento que lá, a natureza mortal procura, na medida do possível, ser sempre imortal e assim permanecer. E ela só pode ser imortal assim, por meio da geração, porque sempre deixa outro ser novo em lugar do velho; pois é nisso que se diz que cada espécie animal vive e é a mesma, assim como de criança o homem se diz o mesmo até se tornar velho; este, na verdade, apesar de jamais ter em si as mesmas coisas, diz-se todavia que é o mesmo, embora sempre se renovando e perdendo alguma coisa, nos cabelos, nas carnes, nos ossos, no sangue e em todo o corpo. E não é que é só no corpo, mas também na alma, os modos, os costumes, as opiniões, desejos, prazeres, aflições, temores, cada um desses afetos jamais permanece o mesmo em cada um de nós, mas uns nascem, outros morrem. Ainda mais estranho do que isso é que até as ciências não é só que umas nascem e outras morrem para nós, e jamais somos os mesmos nas ciências, mas ainda cada uma delas sofre a mesma contingência. O que, com efeito, se chama exercitar é como se de nós estivesse saindo a ciência; o esquecimento é escape de ciência, e o exercício, introduzindo uma nova lembrança em lugar da que está saindo, salva a ciência, de modo a parecer ela ser a mesma. É desse modo que tudo o que é mortal se conserva, e não pelo fato de absolutamente ser sempre o mesmo, como o que é divino, mas pelo fato de deixar o que parte e envelhece um outro ser novo, tal qual ele mesmo era. É por esse meio, ó Sócrates, que o mortal participa da imortalidade, no corpo como em tudo o mais; o imortal porém é de outro modo. Não te admires portanto de que o seu próprio rebento, todo ser por natureza o aprecie: é em virtude da imortalidade que a todo ser esse zelo e esse amor acompanham.

Depois de ouvir esse discurso, eu, admirado, disse-lhe:

– Bem, ó doutíssima Diotima, é verdadeiramente assim que essas coisas se passam?

E ela, como os sofistas consumados, tornou-me:

– Podes estar certo, ó Sócrates; o caso é que, mesmo entre os homens, se queres atentar à sua ambição, admirar-te-ias de seu desarrazoamento, a menos que, a respeito do que te falei, não reflitas, depois de considerares quão estranhamente eles se comportam com o amor de se tornarem renomados e de "para sempre uma glória imortal se preservarem", e como por isso estão prontos a encarar todos os perigos, ainda mais do que pelos filhos, a gastar fortuna, a sofrer privações, quaisquer que elas sejam, e até a sacrificar-se. Pois pensas tu que Alceste morreria por Admeto, que Aquiles morreria depois de Pátroclo, ou o vosso Codro morreria antes, em favor da realeza dos filhos, se não imaginassem que eterna seria a memória de sua própria virtude, que agora nós conservamos? Longe disso. Ao contrário, é, segundo penso, por uma virtude imortal e por tal renome e glória que todos tudo fazem, e quanto melhores tanto mais; pois é o imortal que eles amam.

Por conseguinte, aqueles que estão fecundados em seu corpo voltam-se de preferência para as mulheres, e é desse modo que são amorosos, pela procriação, conseguindo para si imortalidade, memória e bem-aventurança por todos os séculos seguintes, ao que pensam; aqueles porém que é em sua alma... pois há os que concebem na alma mais do que no corpo, o que convém à alma conceber e gerar; e o que é que lhes convém senão o pensamento e o mais da virtude? Entre estes estão todos os poetas criadores e todos aqueles artesãos que, diz-se, serem inventivos; mas a mais importante, e a mais bela forma de pensamento é a que trata da organização dos negócios da cidade e da família, e cujo nome é prudência e justiça... destes, por sua vez, quando alguém, desde cedo fecundado em sua alma, ser divino que é, e chegada a idade oportuna, já está desejando dar à luz e gerar, procura então também este, penso eu, à sua volta o belo em que possa gerar; pois no que é feio ele jamais o fará. Assim é que os corpos belos mais que os feios ele os acolhe, por estar em concepção; e se encontra uma alma bela, nobre e bem dotada, é total o seu acolhimento a ambos, e para um homem desses logo ele se enriquece de discursos sobre a virtude, sobre o que deve ser o homem bom e o que deve tratar, e tenta educá-lo. Pois ao contato sem dúvida do que é belo e em sua companhia, o que de há muito ele concebia, ei-lo que dá à luz e gera, sem o esquecer tanto em sua presença quanto ausente, e o que foi gerado, ele o alimenta justamente com esse belo, de modo que uma comunidade muito maior que a dos filhos ficam tais indivíduos, mantendo entre si uma amizade mais firme, por serem mais belos e mais imortais os filhos que têm em comum. E qualquer um aceitaria obter tais filhos mais que os humanos, depois de considerar Homero e Hesíodo, e admirando com inveja os demais bons poetas, pelo tipo de descendentes que deixam de si, e que uma imortal glória e memória lhes garantem, sendo eles mesmos o que são; ou se preferes, pelos filhos que Licurgo deixou na Lacedemônia, salvadores da Lacedemônia e por assim dizer da Grécia. E honrado entre vós é também Sólon, pelas leis que criou, e outros muitos em muitas outras partes, tanto entre os gregos como entre os bárbaros, por terem dado à luz muitas obras belas e gerado toda espécie de virtudes. Deles já se fizeram muitos cultos por causa de tais filhos, ao passo que por causa dos humanos ainda não se fez nenhum.

"São esses então os casos de amor em que talvez, ó Sócrates, também tu pudesses ser iniciado; mas, quanto à sua perfeita contemplação, em vista da qual é que esses graus existem, quando se procede corretamente, não sei se serias capaz. Em todo caso, eu te direi, e nenhum esforço pouparei; tenta então seguir-me se puderes: deve, aquele que corretamente se encaminha a esse fim, começar, quando jovem, por dirigir-se aos belos corpos, e em primeiro lugar, se corretamente o conduz seu dirigente, deve ele amar um só corpo e então gerar belos discursos; depois deve ele compreender que a beleza em qualquer corpo é irmã da que está em qualquer outro, e que, caso se deva procurar o belo na forma, muita tolice seria não considerar uma só e a mesma a beleza em todos os corpos. E depois de entender isso, deve ele fazer-se amante de todos os belos corpos e largar esse amor violento de um só, após desprezá-lo e considerá-lo mesquinho; depois disso, a beleza que está nas almas deve ele considerar mais preciosa que a do corpo, de modo que, mesmo se alguém de uma alma gentil tenha um escasso encanto, contente-se ele, ame e se interesse, e produza e procure discursos tais que tornem melhores os jovens, para que então seja obrigado a contemplar o belo nos ofícios e nas leis, e a ver assim que todo ele tem um parentesco comum, e julgue enfim de pouca monta o belo no corpo. Depois dos ofícios é para as ciências que é preciso transportá-lo, a fim de que veja também a beleza das ciências, e olhando para o belo já muito, sem mais amar como um doméstico a beleza individual de um criançola, de um homem ou de um só costume, não seja ele, nessa escravidão, miserável e um mesquinho discursador, mas voltado ao vasto oceano do belo e, contemplando-o, muitos discursos belos e magníficos ele produza, e reflexões, em inesgotável amor à sabedoria, até que aí robustecido e crescido contemple ele uma certa ciência, única, tal que o seu objeto é o belo seguinte.

"Tenta agora prestar-me a máxima atenção possível. Aquele, pois, que até esse ponto tiver sido orientado para as coisas do amor, contemplando seguida e corretamente o que é belo, já chegando ao ápice dos graus do amor, súbito perceberá algo de maravilhosamente belo em sua natureza, aquilo mesmo, ó Sócrates, a que tendiam todas as penas anteriores, sempre sendo, sem nascer nem perecer, sem crescer nem decrescer, e depois, não de um jeito belo e de outro feio, nem ora sim ora não, nem quanto a isso belo e quanto àquilo feio, nem aqui belo ali feio, como se a uns fosse belo e a outros, feio; nem por outro lado aparecer-lhe-á o belo como um rosto ou mãos, nem como nada que o corpo tem consigo, nem como algum discurso ou alguma ciência, nem certamente como a existir em algo mais, como, por exemplo, em animal da terra ou do céu, ou em qualquer outra coisa. Ao contrário, aparecer-lhe-á ele mesmo, por si mesmo, consigo mesmo, sendo sempre uniforme, enquanto tudo o mais que é belo dele participa, de um modo tal que, enquanto nasce e perece tudo mais que é belo, em nada ele fica maior ou menor, nem nada sofre. Quando então alguém, subindo a partir do que aqui é belo, através do correto amor aos jovens, começa a contemplar aquele belo, quase que estaria a atingir o ponto final. Eis em que consiste o proceder corretamente nos caminhos do amor ou por outro se deixar conduzir: em começar do que aqui é belo e, em vista daquele belo, subir sempre, como que se servindo de degraus, de um só para dois e de dois para todos os belos corpos, e dos belos corpos para os belos ofícios, e dos ofícios para as belas ciências até que das ciências acabe naquela ciência que nada mais é senão daquele próprio belo, e conheça enfim o que em si é belo. Nesse ponto da vida, meu caro Sócrates, se é que em outro mais, poderia o homem viver, a contemplar o próprio belo. Se algum dia o vires, não é como ouro ou como roupa que ele te parecerá ser, ou como os belos jovens adolescentes, a cuja vista ficas agora aturdido e disposto, tu como outros muitos, contanto que vejam seus amados e sempre estejam com eles, a nem comer nem beber, se de algum modo fosse possível, mas a só contemplar e estar a seu lado. Que pensamos então que aconteceria se a alguém ocorresse contemplar o próprio belo, nítido, puro, simples, e não repleto de carnes, humanas, de cores e outras muitas ninharias mortais, mas o próprio divino belo pudesse ele em sua forma única contemplar? Porventura pensas que é vida vã a de um homem a olhar naquela direção e aquele objeto, com aquilo com que deve, quando o contempla e com ele convive? Ou não consideras que somente então, quando vir o belo com aquilo com que este pode ser visto, ocorrer-lhe-á produzir não sombras de virtude, porque não é em sombra que estará tocando, mas em reais virtudes, porque é no real que estará tocando?"

– Eis o que me dizia Diotima, ó Fedro e demais presentes, e do que estou convencido; e porque estou convencido, tento convencer também os outros de que, para essa aquisição, um colaborador da natureza humana melhor que o Amor não se encontraria facilmente. Eis por que afirmo que deve todo homem honrar o Amor, e que eu próprio prezo o que lhe concerne e particularmente o cultivo, e aos outros exorto, e agora e sempre elogio o poder e a virilidade do Amor na medida em que sou capaz. Este discurso, ó Fedro, se queres, considera-o proferido como um encômio ao Amor; se não, o que quer e como quer que te apraza chamá-lo, assim deves fazê-lo.

Depois que Sócrates assim falou, enquanto uns se põem a louvá-lo, Aristófanes tenta dizer alguma coisa, que era a ele que aludira Sócrates, quando falava de um certo dito. E súbito a porta do pátio, percutida, produz um grande barulho, como de foliões, e ouve-se a voz de uma flautista. Agatão exclama:

– Servos! Não ireis atender? Se for algum conhecido, chamai-o; se não, dizei que não estamos bebendo, mas já repousamos.

Não muito depois ouve-se a voz de Alcibíades no pátio, bastante embriagado, a gritar alto, perguntando onde estava Agatão, pedindo que o levassem para junto de Agatão. Levam-no então até os convivas a flautista, que o tomou sobre si, e alguns outros acompanhantes, e ele se detém à porta, cingido de uma espécie de coroa tufada de hera e violetas, coberta a cabeça de fitas em profusão, e exclama:

– Senhores! Salve! Um homem em completa embriaguez vós o recebereis como companheiro de bebida, ou devemos partir, tendo apenas coroado Agatão, pelo qual viemos? Pois eu, na verdade, ontem mesmo não fui capaz de vir; agora porém eis-me aqui, com estas fitas sobre a cabeça, a fim de passá-las da minha para a cabeça do mais sábio e do mais belo, se assim devo dizer. Porventura ireis zombar de mim, de minha embriaguez? Ora, eu, por mais que zombeis, bem sei que digo a verdade. Mas dizei-me daí mesmo: com o que disse, devo entrar ou não? Bebereis comigo ou não?

Todos então o aclamam e o convidam a entrar e a recostar-se, e Agatão o chama. Vai ele conduzido pelos homens, e como ao mesmo tempo colhia as fitas para coroar, tendo-as diante dos olhos não viu Sócrates, e senta-se ao pé de Agatão, entre este e Sócrates, que se afastara de modo que ele se acomodasse. Sentando-se ao lado de Agatão, ele o abraça e o coroa.

Disse então Agatão:

– Descalçai Alcibíades, servos, a fim de que seja o terceiro em nosso leito.

– Perfeitamente – tornou Alcibíades. – Mas quem é nosso terceiro companheiro de bebida? – E enquanto se volta avista Sócrates, e mal o viu recua em sobressalto e exclama: – Por Hércules! Isso aqui, que é? Tu, ó Sócrates? Espreitando-me de novo aí te deitaste, de súbito aparecendo assim como era teu costume, onde eu menos esperava que haverias de estar? E agora, a que vieste? E ainda por que foi que aqui te recostaste? Pois não foi junto de Aristófanes, ou de qualquer outro que seja ou pretenda ser engraçado, mas junto do mais belo dos que estão aqui dentro que maquinaste te deitar.

E Sócrates:

– Agatão, vê se me defendes! Que o amor deste homem se me tornou um não pequeno problema. Desde aquele tempo, com efeito, em que o amei, não mais me é permitido dirigir nem o olhar nem a palavra a nenhum belo jovem, senão este homem, enciumado e invejoso, faz coisas extraordinárias, insulta-me e mal retém suas mãos da violência. Vê então se também agora não vai ele fazer alguma coisa, e reconcilia-nos; ou, se ele tentar a violência, defende-me, pois eu da sua fúria e da sua paixão amorosa muito me arreceio.

– Não! – disse Alcibíades. – Entre mim e ti não há reconciliação. Mas pelo que disseste depois eu te castigarei; agora porém, Agatão, passa-me das tuas fitas, a fim de que eu cinja também esta aqui, a admirável cabeça deste homem, e não me censure ele de que a ti eu te coroei, mas a ele, que vence em argumentos todos os homens, não só ontem como tu, mas sempre, nem por isso eu o coroei – e ao mesmo tempo ele toma das fitas, coroa Sócrates e recosta-se. Depois diz: – Bem, senhores! Vós me pareceis em plena sobriedade. É o que não se deve permitir entre vós, mas beber, pois foi o combinado entre nós. Como chefe da bebedeira, até que tiverdes bebido o suficiente, eu me elejo a mim mesmo. Eia, Agatão, que a tragam logo, se houver aí alguma grande taça. Melhor ainda, não há nenhuma precisão: vamos, servo, traze-me aquele porta-gelo! – exclamou ele, quando viu um com capacidade de mais de oito "cótilas". Depois de enchê-lo, primeiro ele bebeu, depois mandou Sócrates entornar, ao mesmo tempo que declarava: – Para

Sócrates, senhores, meu ardil não é nada: quanto se lhe mandar, tanto ele beberá, sem que por isso jamais se embriague.

Sócrates então, tendo-lhe entornado o servo, pôs-se a beber; mas eis que Erixímaco exclama:

– Que é então que fazemos, Alcibíades? Assim nem dizemos nada nem cantamos de taça à mão, mas simplesmente iremos beber, como os que têm sede?

Alcibíades então exclamou:

– Excelente filho de um excelente e sapientíssimo pai, salve!

– Também tu, salve! – respondeu-lhe Erixímaco. – Mas que devemos fazer?

– Aquilo que ordenares! É preciso te obedecer: *pois um homem que é médico vale muitos outros*; ordena o que queres.

– Ouve então – disse Erixímaco. – Entre nós, antes de chegares, decidimos que devia cada um à direita proferir em seu turno um discurso sobre o Amor, o mais belo que pudesse, e lhe fazer o elogio. Ora, todos nós já falamos; tu porém, como não o fizeste e bebeste tudo, é justo que fales, e que depois do teu discurso ordenes a Sócrates o que quiseres, e este ao da direita, e assim aos demais.

– Mas Erixímaco! – tornou-lhe Alcibíades. – É sem dúvida bonito o que dizes, mas um homem embriagado proferir um discurso em confronto com os que estão com sua razão, é de esperar que não seja de igual para igual. E ao mesmo tempo, ditoso amigo, convence-te Sócrates em algo do que há pouco disse? Ou sabes que é o contrário de tudo o que afirmou? É ele ao contrário que, se em sua presença eu louvar alguém, ou um deus ou um outro homem fora ele, não tirará suas mãos de mim.

– Não vais te calar? – perguntou Sócrates.

– Sim, por Posídon – respondeu-lhe Alcibíades. – Nada digas quanto a isso, que eu nenhum outro mais louvaria em tua presença.

– Pois faze isso então – disse-lhe Erixímaco – se te apraz; louva Sócrates.

– Que dizes? – tornou-lhe Alcibíades. – Parece-te necessário, Erixímaco? Devo então atacar-me ao homem e castigá-lo diante de vós?

– Eh! Tu – disse-lhe Sócrates –, que tens em mente? Não é para carregar no ridículo que vais elogiar-me? Ou que farás?

– A verdade eu direi. Vê se aceitas!

– Mas sem dúvida! A verdade sim, eu aceito, e mesmo peço que a digas.

– Imediatamente – tornou-lhe Alcibíades. – Todavia, faze o seguinte: se eu disser algo inverídico, interrompe-me incontinenti, se quiseres, e dize que nisso estou falseando; pois de minha vontade eu nada falsearei. Se porém a lembrança de uma coisa me faz dizer outra, não te admires; não é fácil, a quem está neste estado, dar uma conta bem feita e seguida da tua singularidade.

"Louvar Sócrates, senhores, é assim que eu tentarei: através de imagens. Ele decerto pensará que farei isso para carregar no ridículo, mas usarei as imagens em vista da verdade, não do ridículo. Afirmo eu então que é ele muito semelhante a esses silenos colocados nas oficinas dos estatuários, que os artistas representam com um pífaro ou uma flauta, os quais, abertos ao meio, vê-se que têm em seu interior estatuetas de deuses. Por outro lado, digo também que ele se assemelha ao sátiro

Mársias. Que na verdade, em teu aspecto pelo menos és semelhante a esses dois seres, ó Sócrates, nem mesmo tu sem dúvida poderias contestar; que porém também no mais tu te assemelhas, é o que depois disso tens de ouvir. És insolente! Não? Pois se não admitires, apresentarei testemunhas. Mas não és flautista? Sim! E muito mais maravilhoso que o sátiro. Este, pelo menos, com o poder de sua boca colocada nos instrumentos, encantava os homens como ainda agora o que toca as suas melodias – pois as que Olimpo tocava são de Mársias, digo eu, por este ensinadas – as dele então, quer as toque um bom flautista quer uma flautista ordinária, são as únicas que nos tornam possessos e revelam os que sentem falta dos deuses e das iniciações, porque são divinas.

"Tu porém dele diferes apenas nesse pequeno ponto, que sem instrumentos, com simples palavras, fazes o mesmo. Nós, pelo menos, quando algum outro ouvimos mesmo que seja um perfeito orador, a falar de outros assuntos, por assim dizer absolutamente ninguém se interessa; quando porém é a ti que alguém ouve, ou palavras tuas referidas por outro, ainda que seja inteiramente vulgar o que está falando, mulher, homem ou adolescente, ficamos aturdidos e somos empolgados. Eu pelo menos, senhores, se não fosse de todo parecer que estou embriagado, eu vos contaria, sob juramento, o que é que sofri sob o efeito dos discursos deste homem, e sofro ainda agora. Quando os escuto, muito mais do que aos coribantes em seus transportes, bate-me o coração, e lágrimas me escorrem sob o efeito dos seus discursos, ao passo que outros muitíssimos, vejo, experimentam o mesmo sentimento; ao ouvir Péricles, contudo, e outros bons oradores, eu achava que falavam bem sem dúvida, mas nada de semelhante eu sentia, nem minha alma ficava perturbada nem se irritava, como se se encontrasse em condição servil; mas com este Mársias aqui, muitas foram as vezes em que de tal modo me sentia que me parecia não ser possível viver em condições como as minhas. E isso, ó Sócrates, não irás dizer não ser verdade. Ainda agora tenho certeza de que, se eu quisesse prestar ouvidos, não resistiria, mas experimentaria os mesmos sentimentos. Pois me força ele a admitir que, embora sendo eu deficiente em muitos pontos ainda, de mim mesmo me descuido, mas trato dos negócios de Atenas. A custo então, como se me afastasse das sereias, cerro os ouvidos e me retiro em fuga, a fim de não ficar sentado lá e a seus pés envelhecer. E senti diante deste homem, somente diante dele, o que ninguém imaginaria haver em mim, o envergonhar-me de quem quer que seja; ora, eu, é diante deste homem somente que me envergonho. Tenho certeza de que não posso contestar-lhe que não se deve fazer o que ele manda, mas quando me retiro sou vencido pelo apreço em que me tem o público. Safo-me então de sua presença e fujo, e quando o vejo envergonho-me pelo que admiti. E muitas vezes, sem dúvida, com prazer o veria não existir entre os homens; mas se por outro lado tal coisa ocorresse, bem sei que muito maior seria a minha dor, de modo que não sei o que fazer com esse homem.

"De seus flauteios, então, essas foram as reações que eu e muitos outros tivemos deste sátiro; mas como ele é semelhante àqueles a quem o comparei, que poder maravilhoso ele tem. Pois ficai sabendo que ninguém o conhece; mas eu o revelarei, uma vez que comecei. Estais vendo como Sócrates se comporta amorosamente com os belos jovens, está sempre ao redor deles, fica aturdido e como também ignora tudo e nada sabe? Que esta sua atitude não é conforme à dos silenos?

"Pois é aquela com que por fora ele se reveste, como o sileno esculpido; mas lá dentro, uma vez aberto, de quanta sabedoria imaginais, companheiros de bebida, estar ele cheio? Sabeis que nem a quem é belo tem ele a mínima consideração, antes despreza tanto quanto ninguém poderia imaginar, nem tampouco a quem é rico, nem a quem tenha outro título de honra, dos que são enaltecidos pelo grande número; todos esses bens ele julga que nada valem, e que nós nada somos – a que vos digo – e é ironizando e brincando com os homens que ele passa toda a vida. Uma vez porém que fica sério e se abre, não sei se alguém já viu as estátuas lá dentro; eu por mim já as vi uma vez, e tão divinas me pareceram elas, com tanto aura, com uma beleza tão completa e tão extraordinária, que eu só precisava fazer o que me mandasse Sócrates. Julgando porém que ele estava interessado em minha beleza, considerei um achado e um maravilhoso lance da fortuna, como se me estivesse ao alcance, depois de aquiescer a Sócrates, ouvir tudo o que ele sabia; o que, presumia eu da beleza de minha juventude, era extraordinário! Com tais ideias em meu espírito, eu, que até então não costumava sem um acompanhante ficar a sós com ele, dessa vez, despachando o acompanhante, encontrei-me a sós – é preciso, com efeito, dizer-vos toda a verdade. Prestai atenção, e se estou mentindo, Sócrates, prova; pois encontrei-me, senhores, a sós com ele, e pensava que logo ele iria tratar comigo o que um amante em segredo trataria com o bem-amado, e me rejubilava. Mas não, nada disso aconteceu; ao contrário, como costumava, se por acaso comigo conversasse e passasse o dia, ele retirou-se e foi-se embora. Depois disso convidei-o a fazer ginástica comigo e entreguei-me aos exercícios, como se houvesse então de conseguir algo. Exercitou-se ele comigo e comigo lutou muitas vezes sem que ninguém nos presenciasse; e que devo dizer? Nada me adiantava. Como por nenhum desses caminhos eu tivesse resultado, decidi que devia atacar-me ao homem à força e não o largar, uma vez que eu estava com a mão na obra, mas logo saber de que é que se tratava. Convido-o então a jantar comigo, exatamente como um amante armando cilada ao bem-amado. Nem nisso, tampouco, ele me atendeu logo, mas na verdade, com o tempo, deixou-se convencer. Quando porém veio a primeira vez, depois do jantar queria partir. Eu então, envergonhado, larguei-o; mas repeti a cilada, e depois que ele terminou o jantar eu me pus a conversar noite adentro, sem interrupção, e, quando quis partir, observando-me que era tarde, obriguei-o a ficar. Sócrates descansava então no leito vizinho ao meu, no mesmo em que jantara, e ninguém mais no compartimento ia dormir senão nós.

"Bem, até esse ponto do meu discurso ficaria bem fazê-lo a quem quer que seja; mas o que a partir daqui se segue, vós não me teríeis ouvido dizer se, primeiro, como diz o ditado, no vinho, sem as crianças ou com elas, não estivesse a verdade; e depois, obscurecer um ato excepcionalmente brilhante de Sócrates, quando se saiu a elogiá-lo, parece-me injusto. E ainda mais, o estado do que foi mordido pela víbora é também o meu. Com efeito, dizem que quem sofreu tal acidente não quer dizer como foi senão aos que foram mordidos, por serem os únicos, dizem eles, que a compreendem e desculpam de tudo que ousou fazer e dizer sob o efeito da dor. Eu então, mordido por algo mais doloroso, e no ponto mais doloroso em que se possa ser mordido – pois foi no coração ou na alma, ou no que quer que se deva chamá-lo que fui golpeado e mordido pelos discursos filosóficos, que têm mais virulência que a víbora, quando pegam de um jovem espírito, não sem dotes, e que tudo fazem cometer e dizer – e vendo por outro lado os Fedros, Agatãos, Erixímacos, os Pausânias, os Aristodemos e os Aristófanes; e o próprio Sócrates, é preciso mencioná-lo? E quantos mais... Todos vós participastes em comum do delírio filosófico e dos seus transportes báquicos e por isso todos ireis ouvir-me; pois haveis de desculpar-me do que então fiz e do que agora digo. Os domésticos, e se mais alguém há profano e inculto, que apliquem aos seus ouvidos portas bem espessas.

"Senhores, como a lamparina se apagara e os servos estavam fora, decidi não fazer nenhum floreado, mas dizer-lhe com sinceridade o que eu pensava; e assim o interpelei, depois de sacudi-lo:

"– Sócrates, estás dormindo?

"– Absolutamente – respondeu-me.

"– Sabes então qual é a minha decisão?

"– Qual é, exatamente?

"– Tu me pareces um amante digno de mim, o único, e te mostras hesitante em declarar-me. Eu porém é assim que me sinto: inteiramente estúpido eu acho não te aquiescer não só nisso como também em algum caso em que precisasses ou de minha fortuna ou dos meus amigos. A mim, nada me é mais digno de respeito do que me tornar o melhor possível, e para isso creio que nenhum auxiliar me é mais importante do que tu. Assim é que eu, a um tal homem recusando meus favores, muito mais me envergonharia diante da gente ajuizada do que se os concedesse diante da multidão irrefletida.

"E este homem, depois de ouvir-me, com a perfeita ironia que é bem sua e do seu hábito, retrucou-me:

"– Caro Alcibíades, é bem provável que realmente não sejas vulgar, se chega a ser verdade o que dizes a meu respeito, e se há em mim algum poder pelo qual tu te poderias tornar melhor; sim, uma irresistível beleza verias em mim, e totalmente diferente da formosura que há em ti. Se então, ao contemplá-la, tentas compartilhá-la comigo e trocar beleza por beleza, não é em pouco que pensas me levar vantagens, mas ao contrário, em lugar da aparência é a realidade do que é belo que tentas adquirir, e realmente é 'ouro por cobre' que pensas trocar. No entanto, ditoso amigo, examina melhor; não te passe despercebido que nada sou. Em verdade, a visão do pensamento começa a enxergar com agudeza quando a dos olhos tende a perder sua força; tu porém estás ainda longe disso.

"E eu, depois de ouvi-lo:

"– Quanto ao que é de minha parte, eis aí; nada do que está dito é diferente do que penso; tu porém decides de acordo com o que julgues ser o melhor para ti e para mim.

"– Bem – tornou ele –, nisso sim, tens razão; daqui por diante decidiremos fazer, a respeito disso como do mais, o que a nós dois nos parecer melhor.

"Eu, então, depois do que vi e disse, e que como flechas deixei escapar, imaginei-o ferido; e assim que eu me ergui sem ter-lhe permitido dizer-me nada mais, vesti esta minha túnica, pois era inverno, estendi-me por sob a manta deste homem e, abraçado com estas duas mãos a este ser verdadeiramente divino e admirável, fiquei deitado a noite toda. Nem também isso, ó Sócrates, irás dizer que estou falseando. Ora, não obstante tais esforços meus, tanto mais este homem cresceu e desprezou minha juventude, ludibriou-a, insultou-a e justamente naquilo é que eu pensava ser alguma coisa, senhores juízes; sois com efeito juízes da soberba de Sócrates. Pois ficai sabendo, pelos deuses e pelas deusas: quando me levantei com Sócrates, foi após um sono em nada mais extraordinário do que se eu tivesse dormido com meu pai ou um irmão mais velho.

"Depois disso, que disposição de espírito pensais que eu tinha, ao julgar-me vilipendiado, a admirar o caráter deste homem, sua temperança e coragem, eu, que encontrara um homem tal como jamais julgava poder encontrar em sabedoria e fortaleza? Assim, nem eu podia irritar-me e privar-me de sua companhia, nem sabia como atraí-lo. Bem sabia eu que ao dinheiro era ele muito mais invulnerável do que Ájax ao ferro, e na única coisa em que eu imaginava ele se deixaria prender, ei-lo que me havia escapado. Embaraçava-me então, e escravizado pelo homem como ninguém mais por nenhum outro, eu rodava à toa. Tudo isso tinha-se sucedido anteriormente; depois, ocorreu-nos fazer em comum uma expedição em Potideia, e éramos ali companheiros de mesa.

"Sobretudo, nas fadigas, não só a mim me superava mas a todos os outros – quando isolados em algum ponto, como é comum numa expedição, éramos forçados a jejuar, nada eram os outros para resistir – e por outro lado, nas fartas refeições, era o único capaz de aproveitá-las em tudo o mais, em especial quando, embora se recusasse, se via forçado a beber, que a todos vencia; e o mais espantoso é que nenhum homem há que tenha visto Sócrates embriagado. E disso, parece-me, logo teremos a prova.

"Também quanto à resistência ao inverno – terríveis são os invernos ali –, entre outras façanhas extraordinárias, uma vez, durante uma geada das mais terríveis, quando todos ou evitavam sair ou, se alguém saía, era envolto em quanta roupagem estranha, e amarrados os pés em feltros e peles de carneiro, este homem, em tais circunstâncias, saía com um manta do mesmo tipo que costuma trazer, e descalço sobre o gelo marchava mais à vontade que os outros, calçados, enquanto os soldados o olhavam de soslaio, como se suspeitassem que Sócrates troçava deles. Quanto a esses fatos, ei-los aí:

"mas também o seguinte, como o fez
e suportou um bravo".

"O que aconteceu na expedição, certa vez, merece ser ouvido. Concentrado numa reflexão, ele se detivera desde a madrugada a examinar uma ideia, e como esta não lhe vinha, sem se aborrecer ele se conservara de pé, a procurá-la. Já era meio-dia, os homens o observavam, e cheios de admiração diziam uns aos outros: 'Sócrates desde a madrugada está de pé, ocupado em suas reflexões!' Por fim, alguns dos jônicos, quando chegou a tarde, depois de terem jantado – pois era então o estio –, levaram para fora os seus leitos e iam dormir na fresca, ao mesmo tempo que o observavam, a ver se também a noite ele passaria de pé. E Sócrates ficou de pé até que veio a aurora e o Sol se ergueu; a seguir foi embora, depois de fazer uma prece ao Sol. Se quereis saber nos combates – pois isto é bem justo que se lhe leve em conta –, quando se deu a batalha pela qual chegaram mesmo a me condecorar os generais, nenhum outro homem me salvou senão este, que não quis abandonar--me ferido, e até minhas armas salvou comigo. Eu então, ó Sócrates, insisti com os generais para que te conferissem essa honra, e isso não vais me censurar nem irás dizer que estou falseando; todavia, quando já os generais consideravam minha posição e desejavam conceder-me a insigne honra, tu mesmo foste mais solícito que os generais para que fosse eu e não tu que a recebesse.

"E, senhores, valia a pena observar Sócrates quando o exército de Delião batia em retirada; por acaso fiquei a seu lado, a cavalo, enquanto ele ia com suas armas de hoplita. Ora, ele se retirava, quando já tinham debandado os nossos homens, ao lado de Laques: acerquei-me deles e exortei-os à coragem, dizendo-lhes que não os abandonaria. Foi aí que, melhor que em Potideia, observei Sócrates – pois o meu perigo era menor, por estar eu a cavalo –, primeiro quanto ele superava Laques, em domínio de si; e depois, parecia-me, ó Aristófanes, segundo aquela tua expressão, que também lá, como aqui, ele se locomovia 'impondo-se e olhando de través', examinando com calma, de um lado e de outro, os amigos e os inimigos, deixando bem claro a todos, mesmo à distância, que se alguém o tocasse, com muito vigor ele se defenderia. Eis por que com segurança se retirava, ele e o seu companheiro; pois, nos que assim se comportam na guerra, não se toca; é aos que fogem em desordem que se persegue.

"Muitas outras virtudes, e admiráveis, alguém poderia louvar em Sócrates. Contudo, das demais atividades, talvez a respeito de alguns outros também se pudesse dizer outro tanto. O fato, porém, de a nenhum homem, antigo ou moderno, assemelhar-se ele, eis o que é digno de toda admiração. Com efeito, como Aquiles, poder-se-ia imaginar Brasidas e outros, e inversamente, como Péricles, havia Nestor e Antenor, sem falar de outros, e todos os demais poderíamos comparar com esses exemplos; o que porém é este homem aqui, o que há de desconcertante em sua pessoa e em suas palavras, nem de perto se poderia encontrar um semelhante, quer se procure entre os modernos, quer entre os antigos, a não ser que se lhe faça a comparação com os que estou dizendo, não com nenhum homem, mas com os silenos e os sátiros, e não só de sua pessoa como de suas palavras.

"Foi este sem dúvida um ponto em que em minhas palavras eu deixei passar: que seus discursos são muito semelhantes aos silenos que se entreabrem. A quem quisesse ouvir, os discursos de Sócrates pareceriam ridículos à primeira vez, tais são os nomes e as frases de que por fora se revestem eles, como de uma pele de sátiro insolente. Pois ele fala de bestas de carga, de ferreiros, de sapateiros, de correeiros, e sempre parece com as mesmas palavras dizer as mesmas coisas, a ponto de algum inexperiente ou imbecil zombar de seus discursos. Quem porém os viu entreabrir-se e em seu interior penetra, primeiro descobre que, no fundo, são os únicos que têm inteligência, e depois, que são tanto quanto possível divinos, e os que o maior número contêm de imagens de virtude, e o mais possível se orientam, ou melhor, em tudo se orientam para o que convém ter em mira, quando se procura ser um distinto e honrado cidadão.

"Eis aí, senhores, o que em Sócrates eu louvo; quanto ao que, pelo contrário, recrimino, eu o pus de permeio e disse os insultos que me fez. E na verdade não foi só comigo que ele os fez, mas com Cármides, filho de Glauco, com Eutidemo, de Díocles, e com muitíssimos outros, os quais ele engana fazendo-se de amoroso, enquanto é antes na posição de bem-amado, em vez de amante, que ele fica. E é nisso que te previno, ó Agatão, para não te deixares enganar por este homem e, por nossas experiências ensinado, te preservares e não fazeres como o bobo do provérbio, que 'só depois de sofrer aprende'".

Depois dessas palavras, houve risos pela franqueza de Alcibíades, que parecia ainda estar amoroso de Sócrates.

Sócrates então disse-lhe:

– Tu me pareces, ó Alcibíades, estar em teu domínio. Pois de outro modo não te porias, assim tão destramente fazendo rodeios, a dissimular o motivo por que falaste; como que falando de modo acessório tu o deixaste para o fim, como se tudo o que disseste não tivesse sido em vista disso, de me indispor com Agatão, na ideia de que devo amar-te e a nenhum outro, e que Agatão é por ti que deve ser amado, e por nenhum outro. Mas não me escapaste! Ao contrário, esse teu drama de sátiros e de silenos ficou transparente. Pois bem, caro Agatão, que nada mais haja para ele, e faze com que comigo ninguém te indisponha.

– De fato, ó Sócrates, é muito provável que estejas dizendo a verdade – respondeu Agatão. – E a prova é a maneira como justamente Alcibíades se recostou aqui no meio, entre mim e ti, para nos afastar um do outro. Nada mais ele terá então; eu me virei para o teu lado e me recostarei.

– Muito bem – falou Sócrates. – Reclina-te aqui, logo abaixo de mim.

– Ó Zeus, que tratamento recebo ainda desse homem! Acha ele que em tudo deve levar-me a melhor. Mas pelo menos, extraordinária criatura, permite que entre nós se acomode Agatão.

– Impossível! – tornou-lhe Sócrates. – Pois se tu me elogiaste, devo eu por minha vez elogiar o que está à minha direita. Ora, se abaixo de ti ficar Agatão, não irá ele por acaso fazer-me um novo elogio, antes de ser por mim elogiado? Deixa, divino amigo, e não invejes ao jovem o meu elogio, pois é grande o meu desejo de elogiá-lo.

– Evoé! – exclamou Agatão. – Alcibíades, não há meio de aqui eu ficar; ao contrário, antes de tudo, eu mudarei de lugar, a fim de ser por Sócrates elogiado.

– Eis aí – comentou Alcibíades – a cena de costume: Sócrates presente, impossível a um outro conquistar os belos! Ainda agora, como ele soube facilmente encontrar uma palavra persuasiva, com o que este belo se vai pôr a seu lado.

Agatão levanta-se para ir deitar-se ao lado de Sócrates. De repente, porém, um numeroso grupo de foliões chega à porta e, tendo-a encontrado aberta com a saída de alguém, irrompe pela frente na direção dos convivas, tomando assento nos leitos. Um tumulto enche o recinto e, sem mais nenhuma ordem, é-se forçado a beber vinho em demasia. Erixímaco, Fedro e alguns outros, disse-me Aristodemo, retiram-se e partem; a ele porém o sono pegou, e dormiu muitíssimo, que estavam longas as noites. Acordou de dia, quando já cantavam os galos, e acordado viu que os outros ou dormiam ou estavam ausentes. Entretanto, Agatão, Aristófanes e Sócrates eram os únicos ainda despertos e bebiam de uma grande taça que passavam da esquerda para a direita. Sócrates conversava com eles; dos pormenores da conversa, Aristodemo disse que não se lembrava, pois não assistira ao começo e ainda estava sonolento. Em resumo, porém, ele afirmou que Sócrates os obrigava a admitir que é de um mesmo homem o saber fazer uma comédia e uma tragédia, e que aquele que com arte é um poeta trágico é também um poeta cômico. Forçados a isso e sem o seguir com muito rigor, eles cochilavam. Primeiro adormeceu Aristófanes e, quando já se fazia dia, Agatão. Sócrates então, depois de acomodá-los ao leito, levantou-se e partiu; Aristodemo, como de costume, acompanhou-o; chegado ao Liceu ele asseou-se e, como sempre, passou o dia inteiro. Depois disso, à tarde, foi repousar em casa.